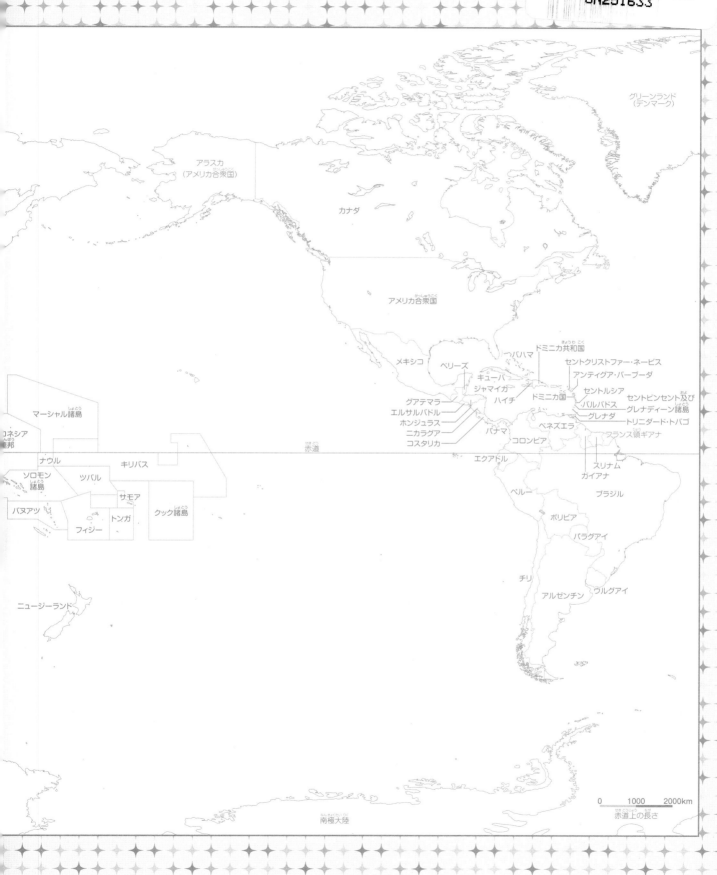

改訂版！はてな？なぜかしら？ 国際問題

2

改訂版！
はてな？　なぜかしら？
中国と朝鮮半島の問題

監修：池上彰

この本を読むみなさんへ

「人類の歴史は戦争の歴史だ」と言われることがあります。人間は、長い間、おたがいに戦い、殺し合ってきました。いくつもの国ができてはほろび、領土を広げたり失ったりするという歴史をくり返してきたのです。

20世紀に、人類は2度の大きな戦争を起こしました。たくさんの大切な命がうばわれ、住むところを失う人もたくさんいました。2度の戦争の後、人間どうしが命をうばい合う、戦争などというおろかなことはやめようと、平和を守るための組織がつくられました。

しかし、地球上から、戦争やそのほかの争いはいまだになくなっていません。こうしている今も、世界のどこかで、大切な命がうばわれる争いが起こっています。

なぜ人間は、おたがいに戦わなければならないのでしょう。

このシリーズでは、最近世界で起こった、または今も起こっている「国際問題」について考えていきます。世界にはどんな国際問題があるのか、その原因は何なのか、新聞やテレビなどのニュースだけではよくわからないことも多いでしょう。それらの問題について、できるだけわかりやすく説明しました。また、読んだあなた自身が考えられるようにもなっています。国際問題について学び、平和な世界を築いていくためにはどうしたらいいのかを考えてみてください。

この巻では、「中国と朝鮮半島」の問題を取り上げています。中国や朝鮮半島は、日本に最も近く、古くから交流がありました。しかし、19世紀の終わりから20世紀前半にかけ、日本は朝鮮半島や中国を侵略しました。

中国は近年、経済発展をとげ、世界でも有数の大国になりました。中国国内には少数民族の問題や台湾問題があります。また、日本や、東南アジアの国々との間で領土問題をかかえています。

朝鮮半島には2つの国があります。北朝鮮は核兵器を開発するなどの問題があります。韓国は日本との間に領土問題があります。

これらの国々をめぐる問題や、東アジアの平和について考えましょう。

監修　池上彰

1950年、長野県生まれ。大学卒業後、NHKに記者として入局する。社会部などで活躍し、事件、災害、消費者問題などを担当し、教育問題やエイズ問題のNHK特集にもたずさわる。1994年4月からは、「週刊こどもニュース」のおとうさん役兼編集長を務め、わかりやすい解説で人気となった。2012年から東京工業大学教授。
おもな著書に、『一気にわかる！池上彰の世界情勢 2016』（毎日新聞出版）、『池上彰の世界の見方』（小学館）、『大世界史』（文藝春秋）、『池上彰の戦争を考える』（KADOKAWA）がある。

＊このシリーズは、2015年12月末現在の情報をもとにしています。

もくじ

第1章　中国について考えよう

1. 中国はどんな国なの？ ……………………………………………… 4
2. 社会主義ってどんなしくみなの？ ………………………………… 8
3. 台湾は中国の一部なの？ …………………………………………… 12
4. 中国と日本との間には、どんな問題があるの？ ………………… 16
5. 中国にはどんな争いがあるの？ …………………………………… 20

第2章　朝鮮半島について考えよう

1. 韓国と北朝鮮はどうちがうの？ …………………………………… 24
2. 朝鮮半島で起こった戦争って？ …………………………………… 28
3. 韓国と日本の間には、どんな問題があるの？ …………………… 32
4. 北朝鮮と日本の間には、どんな問題があるの？ ………………… 36

第3章　東アジアの平和について考えよう

1. 北朝鮮をめぐる国際問題とは何だろう？ ………………………… 40
2. 朝鮮半島は、いつの日か1つになるの？ ………………………… 44
3. 東アジアの動きと日本の役割は？ ………………………………… 48
4. 東アジアの平和を守るには？ ……………………………………… 52

第1章　中国について考えよう

中国は、日本から最も近い国の1つです。日本と中国には古いおつき合いの歴史があります。今、日本と中国の間に、どんな問題があるのでしょうか。

1 中国はどんな国なの？

世界一の人口、たくさんの民族

世界地図を広げて、日本と中国の位置を確かめてみましょう。日本の西には、ユーラシア大陸が広がっています。ユーラシア大陸は、アジアとヨーロッパを合わせた大陸ですが、そのうちの東アジアにあるのが中国です。

国としては、**中華人民共和国**というのが正式な呼び方です。

面積は、ロシア、カナダ、アメリカに次いで世界第4位です。日本と比べると、中国はたいへん広い国です。人口は、世界一で、そのほとんどは、東側の海沿いの大都市に集中しています。

中国には、50以上の民族が暮らしています。最も多いのは漢民族で、およそ92％をしめています。そのほかに、チベット族、チワン族、満州族、回族などの**少数民族**が暮らしています。

進んだ文明を持つ国

中国は、人類初めての文明が生まれた地域の1つです。地図を見ると、黄河という、たいへん長い川があることがわかるでしょう。今から4000年ほど前、この黄河のほとりで文明が生まれました。殷という国では、青銅器や漢字のもとになった甲骨文字などをつくりました。

その後、中国では、皇帝を中心とした強い国ができたり、いくつもの小さな国が争いをくり返したりする時代などがありました。長い歴史の中には、モンゴル民族や満州民族などが中国を支配した時代もありました。

中国の文化を取り入れた日本

中国は数千年もの間、東アジアで最強の国として、政治、経済、文化の中心でした。日本も、さまざまな影響を受けています。

大昔には、米作りや機織り、漢字などの文化が、6～7世紀には暦が伝わりました。7世紀ころからは、政治のしくみや都のつくり方なども中国にならっています。さらに、13～16世紀には、中国のお金が日本で使われていました。6～9世紀には、日本から中国に使節を送って、進んだ文化を取り入れました。また、漢字だけで書かれた書物を日本式に読めるように工夫して、さまざまな学問も学びました。中国から日本にわたってきた僧や技術者が、文化を伝えることもありました。

2000年以上もの長い間、中国と日本は、たいへん深い関係にあったのです。

第1章 中国について考えよう

中国のプロフィール

中国は、世界で最も人口が多い国です。海沿いに、北京、上海、広州、香港などの大都市があり、工業が発達しています。内陸部は開発が進んでおらず、多くの人々が、海沿いの都市へ働きに出ています。

正式名は「中華人民共和国」
大都市は海沿いに多い
50以上の民族
約13億の人口
面積は日本の25倍

中国から日本に伝わったもの

日本は、長い年月にわたって中国と交流し、さまざまな分野のものを取り入れてきました。中国から伝わったものの多くが、今も日本の社会や暮らしに生きています。

米作り / 雨 / 川 / 鉄の道具 / お金

暦 / 機織り / 漢字 / 仏教 / 都のつくり / 政治のしくみ

第1章 中国について考えよう

1 中国はどんな国なの?

めざましい経済発展をとげる

17世紀半ば、中国には清という、満州民族が支配する王朝ができました。清は、18世紀に全盛期をむかえ、領土を広げ、たいへん豊かな国になりました。しかし、19世紀後半になると、イギリスやフランスなどが進出し、清は植民地に近い状態になりました。

20世紀初めに清はほろび、中国国内は混乱します。そして、第二次世界大戦後の1949年に、現在の中華人民共和国が建国されました。毛沢東という指導者の下で、社会主義(8〜11ページでくわしく説明します)の国として誕生しました。建国してしばらくの間は、アメリカや日本は中華人民共和国を中国の正式な国として認めず、行き来がありませんでした。

1970年代前半に、アメリカや日本との国交が結ばれ、中華人民共和国が中国を代表する国として多くの国に認められました。

1970年代後半に、鄧小平が事実上の最高指導者になると、経済開放政策をとるようになります。社会主義では、工場や農場での生産は国やその上に立つ党が計画的に進めるのがふつうですが、この政策では、現場に自由を認めました。また、外国の企業にかかる税金を安くして、中国に工場を建てれば利益が多くなるようにしました。当時の中国では、労働者の賃金も低く、人口が多いので、工場などで働く人もじゅうぶんにまかなえました。

この政策によって、中国は「世界の工場」と言われるほど工業生産が増え、経済が急成長しました。1980年代には、中国の経済はぐんぐん成長していきました。

世界の大国の地位につく

国の経済力を表す数字に、GDP(国内総生産)というものがあります。ある国が国内で生み出した商品やサービスがどれだけの金額かを表します。

国別のGDPの移り変わりを見ると、長い間ずっと1位はアメリカです。日本は、1960〜70年代に急成長し、アメリカに次ぐ世界第2位の経済大国になりました。1970年代末ごろの中国のGDPは、日本の3分の1に届くかどうかというくらいでした。人口が10倍ほどで、GDPが3分の1であれば、1人当たりのGDPは、日本の30分の1ほどということになります。当時の中国は、まだまだ貧しい国でした。

しかし、その後、工業がさかんになり、製品をどんどん輸出するようになりました。経済がめきめきのびていったのです。

2010年には、中国のGDPは日本をぬいて世界第2位の経済大国になりました。最近では、多くの中国人が日本に旅行でやってきて、たくさんのお金を使って買い物をすることが"爆買い"と呼ばれて話題になっています。

経済の成長とともに、世界での中国の地位も上がってきました。軍事力も強まり、アメリカに対抗する大国と見られています。

そのいっぽうで、ひとにぎりの大富豪と、多くの貧しい人々との格差が広がっているという問題もあります。

6

発展する中国

19世紀から20世紀にかけて、中国は混乱の時代を送りました。1980年代から、中国では、工業がめざましく発展し、21世紀には、アメリカに次ぐ経済大国になりました。

写真：joyfull / Shutterstock.com

にぎわう街並

中国の大きな都市では、アメリカやヨーロッパの店なども見られ、多くの人々でにぎわっています。若者たちの姿も、おしゃれに変わってきています。

写真：BartlomiejMagierowski / Shutterstock.com

工場での生産

1980年代から、中国はめざましい発展をとげているんだ。

1980年代から、産業活動を自由に行ってよいという政策が取り入れられ、外国の企業の工場が多く建てられるようになりました。中国の工場でつくられた製品は、日本を始め、世界各地に輸出されています。

たくさんの自動車が走る道路

経済の発展にしたがって、工場や自動車から、環境によくない物質がたくさん出されるようになり、大気汚染などの公害が問題になっています。

写真：Imaginechina/時事通信フォト

第1章　中国について考えよう

7

2 社会主義ってどんなしくみなの？

社会主義のおこり

中華人民共和国は、**社会主義**の国です。社会主義というのは、簡単に言うと、働く人々が国を動かすやり方です。農業や工業など、あらゆる産業で、何をどれくらい生産するかを計画的に決め、できたものは、働いた人々が公平に分けるしくみです。

日本やアメリカの国のしくみは、**資本主義**なので、中国とはちがいます。世界には、もともと資本主義の国があり、さまざまな問題が起こったために、社会主義という考え方が起こり、社会主義の国が登場しました。

資本主義の問題を解決するために

18世紀後半から19世紀前半、イギリスで蒸気の力で動く機械を使ったものづくりが本格的になりました。さまざまな技術が進歩し、産業のしくみが大きく変わりました。これを**産業革命**と言います。工場でたくさんの人を使って大規模にものをつくり、それを売った利益を、工場などの施設を大きくするために使い、さらに生産の規模を広げるようになりました。

工場や機械などは、会社や個人の持ち物です。どのようなものをどれだけつくり、いくらで売るかは自由です。質のよいものを安くつくれば、それだけたくさん売れ、利益が増えるので、会社や個人の間で競争が生まれます。このようなしくみが、資本主義です。みんながそれぞれの能力に応じて競争することは、公平だと感じられます。

しかし、資本主義が進むと、いろいろな問題が起こるようになりました。例えば、会社を経営する人が利益をひとりじめにして、やとわれている人は、安い賃金で長時間働かされることです。金持ちになった人は、ますます会社を大きくして、さらに金持ちになります。これでは、もともとお金を持っていない人が、金持ちになるチャンスはたいへん小さく、公平な競争になりません。また、競争が激しいと、競争に負けた会社は倒産し、仕事を失う人も出てきます。

会社の勝手なやり方に反対し、労働者が協力して会社の経営者と戦うこともありましたが、このような争いは社会全体の不利益になるので、法律で労働者が働く時間を制限するなど、労働者の権利を高めてきました。しかし、いろいろな問題が起こるのは、社会のしくみそのものがおかしいからで、社会のしくみを変えなければ解決されないと考える人も現れました。

そこで登場したのが社会主義の考え方です。19世紀中ごろに生まれた社会主義は、それまでの国のしくみを変えてしまうような考えだったため、当初は危険な考え方だとされました。

資本主義のしくみ

資本主義は、経済のしくみの1つです。資本（お金）を持っている人が、労働者（働く人）をやとい、仕事をさせ、商品をつくって売ることで利益を求めます。資本を持つ人が利益をひとりじめにするなどの問題点があります。

国

個人

国は、個人の会社とは無関係。

会社などの生産手段は、個人が持つ。

会社

製品などを売る。

利益は会社へ。

消費者

- 会社などの生産手段は、個人が持つ。たくさん利益を得るように、自由に製品をつくれる。
- 会社の成績のよい時と、悪い時がある。悪い時には、会社が倒産したり、仕事のない人が増えたりする。

社会主義のしくみ

社会主義も、経済のしくみの1つです。農作物や工業製品などを計画的につくり、人々に平等に分けることで、平等な社会をめざします。資本主義による問題点を解決するために考え出されました。

国

生産手段は、国が持つ。

生産手段

製品などを国が売る。

利益は国へ。

国民

- 生産手段は、国が持つ。
- 国の計画に基づいて、製品をつくる。
- 景気が悪くなることはないが、工場などで働く人の意欲や、仕事の能率はにぶりがちになる。

第1章 中国について考えよう

第1章 中国について考えよう

2 社会主義ってどんなしくみなの？

社会主義国の登場

社会主義の考えを持つ人々は、国から危険人物とされましたが、資本主義の社会にもさまざまな問題があったため、社会主義の考えがしだいに広まりました。やがて、社会主義の国をつくろうという動きも出てきました。世界初の社会主義の国は、**ソ連**（現在のロシア）です。

20世紀前半、**第一次世界大戦**という、世界の多くの国々を巻きこんだ戦争が起こりました。このころのロシアは、皇帝が治めるロシア帝国（帝政ロシアとも言う）でした。ロシアでは、社会主義の国をつくろうとする**レーニン**を指導者として革命が起こりました。革命側は皇帝一家を殺害して、新しく社会主義の国をつくりました。この動きを**ロシア革命**と言います。新しくできた国は、**ソビエト社会主義共和国連邦**（ソ連）という名前でした。

ロシア革命を見た国々は、社会主義の考えが自分の国にも影響し、革命のようなさわぎが起こることを心配しました。そこで、各国は、ソ連に軍隊を送って新しい政府をたおそうとしましたが、成功しませんでした。

ソ連は計画的な生産を進め、後に世界がたいへんな不景気の時期になった時も、その影響を受けませんでした。こうして、社会主義が理想的なしくみだと思われたのです。

社会主義国の問題

第二次世界大戦後、社会主義の国が増えました。これは、ソ連が、自分の国の言うことを聞く国を増やそうとしたことによります。社会主義になった国は、ソ連に近い東ヨーロッパのほとんどと、アジアのラオス、ベトナム、アメリカに近いキューバなどです。中華人民共和国も、1949年に社会主義の国として誕生しました。

このような流れから、一時、世界は、資本主義の国と社会主義の国に分かれて対立することになりました。

ところが、理想的だと思われた社会主義にも問題が出てきました。社会主義の特ちょうである計画的な生産は、計画通りにいかない場合もあります。また、いくらがんばって働いて生産を増やしても、働く人の給料が増えるわけではありません。そのため、がんばろうという意欲がわかないこともあります。がんばってもがんばらなくても同じならば、がんばらなくてもいいと思う人が出るのは当然かもしれません。

何より問題だったのは、社会主義国では指導者をおそれ、あがめるようなことが起こったことです。ソ連ではスターリン、中国では毛沢東が絶対的にあがめられ、そのやり方に反対すると殺されてしまうということもあったのです。

こうして、社会主義国の中で、経済がうまくいかなくなる国が現れました。1991年にソ連が解体し、東ヨーロッパの国々も資本主義に変わりました。中国は今も社会主義ですが、経済には資本主義のしくみを取り入れています。また、同じ中国の中でも、イギリスの植民地だった**香港**と、ポルトガルの植民地だった**マカオ**だけは、特別に資本主義でよいとされています。

初めての社会主義国の誕生

社会主義のしくみを持つ国として初めてできたのが、ソビエト社会主義共和国連邦（ソ連）でした。それまで皇帝が治めていたロシアを、労働者たちをまとめたレーニンらがたおして誕生しました。

ソビエト社会主義共和国連邦

諸君、労働者や農民が幸福になる国をつくろう！

革命だ！

- 今まで、国民をおさえつけていた皇帝を追放する。
- 土地は国のものにする。
- 農場や工場での生産を計画的に行う。

わあ、こりゃたまらん。

社会主義国の問題点

社会主義のしくみを取り入れた国にも問題点が出るようになりました。長い間社会主義国のリーダーのような立場にあったソ連も、こうした問題点から、1991年に解体しました。

計画的な生産が計画通りにいかない。

困ったなあ。どうしよう。

労働者の意欲がわかない。

がんばっても、給料は同じか…。やる気がしないなあ。

どうせ給料が同じなら、サボっちゃおう。

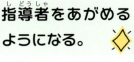

指導者をあがめるようになる。

指導者さまは絶対です！

悪口を言うと、何かされるかも…。

なんてこった！

第1章 中国について考えよう

3 台湾は中国の一部なの？

中華民国の成立

台湾は、中国の南東にある島です。日本から近い観光地としても知られています。実は台湾は、1945年に日本が戦争に敗れるまでは、日本の領土でした。1894年の日清戦争で勝った日本が、清(当時の中国)から台湾を取ったのです。その間、台湾では日本語が教えられ、日本が台湾を治めていました。

現在の日本の地図では、台湾は、中華人民共和国の一部になっています。しかし、現実には、台湾と中国とは、政治や経済のしくみがまったくちがいます。それは、20世紀以降の中国の歩みと関係しています。

1911年、中国で革命が起こり、清がたおれました。翌1912年に、中華民国が建国されました。中華民国は、アジア初の共和国(国王でなく、国民が選んだ代表が治める国)でした。当時の中国は、ヨーロッパの強国やアメリカ、日本などの植民地のようにされ、革命で新しい国ができても、不安定な状態にありました。

1914年、第一次世界大戦が起こり、ヨーロッパの国々が戦っている間に日本が中国を侵略しました。日本は武力を背景に無理な要求をつきつけました。

1920年代から1930年代にかけ、孫文が率いた組織がもとになった国民党を蔣介石が引き

つぎ、国民政府を建てて中国統一をめざしました。いっぽう、毛沢東が率いる中国共産党が、社会主義国家の建設をめざしていました。国民党と共産党は、激しく対立していましたが、日本との戦争が本格的になると、協力して日本に対抗するようになりました。

中華民国は台湾へ

1945年8月、日本が降伏して戦争が終わり、台湾を手放しました。戦後、再び国民党と共産党が対立しました。共産党は農民を味方にして全土に勢力をのばし、1949年10月に中華人民共和国を建国。毛沢東が主席になりました。共産党との戦いに敗れた国民党の蔣介石は、台湾にのがれました。中華民国が支配する地域は、台湾とその近くの島だけになりました。

初めのうち、アメリカや日本は、中華人民共和国を正式な中国政府とは認めず、引き続き、台湾の中華民国を正式な政府としていました。中華人民共和国はアメリカや日本との交流はほとんどなく、いっぽう中華民国は、国際連合の安全保障理事会の常任理事国の1つとして、国際社会の中で大きな地位をしめていました。

しかし、1972年、アメリカは、現実に国土の多くを支配する中華人民共和国を、正式な国であると認め、日本もこれに続きました。

12

台湾、中国、日本の関係

台湾と中国、日本の間には、19世紀の終わりから、さまざまなできごとがありました。その歴史をたどってみましょう。

第1章　中国について考えよう

① 1894年まで　台湾は中国の一部だった。

② 1895年　日清戦争で勝った日本が、中国（清）から台湾を取った。

③ 1911年　中国で革命が起こる。清がたおれ、翌年、中華民国ができる。

④ 1915年ごろ　日本が中国に進出し始め、各地を占領する。

⑤ 1920〜30年代　中華民国の国民党と、共産党が対立していたが、後に手を結ぶ。

⑥ 1945年　日本が戦争に負ける。台湾は、中華民国に返される。

⑦ 1949年　中華人民共和国ができ、中華民国の国民党が台湾にのがれる。このころは、日本は中華民国を中国の正式な国と認めていた。

⑧ 1972年　日本は、中華人民共和国を正式な政府と認めた。台湾は、中国の一部と見なされることとなった。

第1章 中国について考えよう

3 台湾は中国の一部なの？

独立をめざす動きに変わる

国民党が台湾に移った時点で、事実上、中国は2つに分かれました。しかし、国民党も共産党も、建前ではあくまでも自分のほうが正式な政府であるとして相手を認めず、中国統一をめざしました。

1965年までは、中国から台湾を攻撃することがありましたが、その後、戦いは起こっていません。時がたつにつれ、どちらにとっても中国を統一することは難しくなっています。

国民党が移った台湾では、蔣介石が独裁的な政治を行いました。中国本土から移ってきた人々（外省人）が、もとから台湾にいた人々（本省人）を支配するしくみだったため、本省人の間に不満が起こっていました。

このような中で、1960年代からは工業が発展、経済が著しく成長し、1970年代には、民主化の動きが高まりました。

1988年に中華民国のトップである総統についた李登輝は、台湾生まれの本省人でした。かれは、民主化を進め、それまでの方針を変えて、台湾は、中国統一よりも、中国とは別の独自の国として歩むことをめざしました。現実をふまえた、新しい道を示したのです。

しかし、あくまでも「1つの中国」をめざす中国は、台湾独立には強く反発し、まったく認めようとはしません。

2015年の時点では、世界の国々で、台湾を中華民国という国として認めている国は、約20しかありません。日本も中華民国を認めていないので、地図でも台湾は中華人民共和国の一部として表されています。また、「中華民国」という名前はふつう使われません。

しかし、民間の交流はさかんに行われています。おたがいに観光旅行などで行き来もできます。貿易もさかんです。台湾の人たちは、日本に親しみを持ち、2011年の東日本大震災では、たくさんのお金を被災地に送ってくれました。

オリンピックなどのスポーツ大会では、台湾は、「チャイニーズタイペイ」という名前で参加しています。これは、中国の地域の1つという立場で参加していることを表しています。

中国と台湾の関係の変化

中華人民共和国と台湾の関係は、おたがいの建前と本音の中で、近づいたり遠ざかったりをくり返しています。

1993年には初めて民間の代表者による話し合いが実現しましたが、2000年に、台湾独立を方針とする党の陳水扁が総統になると、中国と台湾の関係は悪化しました。

しかし、2008年、国民党の馬英九総統に変わると、中国から台湾にパンダがおくられるなど、両者の関係が改善しました。さらに、2015年にはおたがいのトップが初めて会話をしました。今後、対話が続けられていくかどうかは、見通しにくい状況ですが、東アジアの国際関係について考える時、中国と台湾のこれまでの関係を理解しておくことは、欠かせないと言えます。

台湾はどんなところ？

台湾は、自分たちとしては、中華民国という、資本主義の国であるとしています。1960年代から工業が発達し、現在も経済的には先進国と同じくらいの規模があります。

写真：Windyboy / Shutterstock.com
写真：gracethang2 / Shutterstock.com

台湾で最大の都市、台北市のようす。

食べ物などを売る屋台が集まる一画は、多くの人々でにぎわいます。

写真：PIXTA

台湾のお札には、「中華民国」と書いてあります。

台湾の方針の変化

台湾の政府は、自分たちこそが中国の正式な政府であると主張していましたが、1980年代末ごろから、中国とは別の国として独立するほうが現実的だという考えも出てきました。

わが国こそ正しい中国政府だ。いつか中国を統一するぞ。
台湾

こっちこそ正しい中国だ。
中国

立場のちがいはありますが…。
台湾

話し合いを続けていきましょう。
中国

日本に親しみを持つ台湾の人々

台湾は、1895年から1945年までの50年間、日本が治めていました。その期間に、台湾では産業がさかんになり、鉄道などもしかれました。そのいっぽうで、台湾の人々への差別などがあったことも事実です。

1945年以降は、日本と台湾は、おとなりどうしとして、交流を深めてきました。現在、台湾では、日本のテレビ番組や小説、音楽などもたくさんあり、日本に親しみを持つ人も多いのです。

第1章 中国について考えよう

4 中国と日本との間には、どんな問題があるの？

中国を侵略した日本

中国と日本は、2000年以上にわたって、深い関係を保ってきました。中国の進んだしくみや文化を取り入れて、日本は発展してきました。日本にとって、中国は、その強い力におそれをいだくこともあったでしょうし、進んだ文化に接してあこがれる対象でもあったでしょう。

19世紀後半、日本は、ヨーロッパやアメリカとのつき合いを始め、近代化への道を歩み始めます。1871年には、当時の清と**日清修好条規**という条約を結びました。これは、おたがいに対等な立場で、つき合いを深めていくことを決めたものです。日本は、1876年に、朝鮮との間で**日朝修好条規**という条約を結びます。それまで、朝鮮は中国に従う国という立場で、中国もそう考えていました。しかし、日朝修好条規では、朝鮮は独立国であるとされていました。そのため、朝鮮をめぐって、日本と清が対立するようになりました。

1894年、日本と清の間で**日清戦争**が起こりました。日本は近代的な軍備によって、清をやぶりました。その結果、台湾などを領土にしたほか、多額の賠償金を得ました。その後、日本は、朝鮮半島を植民地とし、さらに中国を侵略していきました。1931年には、満州（中国東北部）の主要部を占領し、翌年、**満州国**を建国しました。

1937年には、日本と中国は、事実上の戦争状態となり、中国北部から中部の広い範囲に戦火が広がりました。その中で、当時の首都である南京で、一般の人をふくむ多くの中国人を殺害したとされる南京事件が起こりました。

中国との戦いは長引き、1945年に、日本が太平洋戦争で敗れるまで続きました。

日本と中国の深い関わり

終戦とともに、日本は中国各地や満州から引きあげましたが、その混乱の中で、多数の子どもが中国に置き去りにされました。

1949年、共産党による社会主義の**中華人民共和国**が建国されますが、資本主義の日本とは正式な国交はありませんでした。中国との関係が改善されたのは、1972年の**日中共同声明**でのことです。ついで1978年には、おたがいに相手を尊重し、平和的につき合っていくことを決めた**日中平和友好条約**が結ばれました。

この結果、日本と中国との間で人の行き来も活発になり、貿易もさかんになりました。中国がめざましい経済成長をとげた現在では、日本から中国への輸出額はアメリカについで第2位、輸入額は第1位です（2014年）。

近年、中国から日本に観光などの目的で大勢の中国人が訪れることも話題になっています。

16

日本と中国の関係は？

長い間、中国は、日本から見て進んだ文化を持つ国でした。しかし、19世紀後半から、中国と日本との関係が大きく変わり、不幸なできごともありました。

第1章 中国について考えよう

① 2000年以上前から、日本は中国の文化を取り入れてきた。
日本から、使節を送ろう。
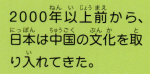

② 1871年 日清修好条規を結ぶ。
対等に仲よくしましょう。

③ 1876年 朝鮮をめぐって対立する。

④ 1894〜1895年 日清戦争

⑤ 1910年 日本が朝鮮半島を植民地にして、中国を侵略する。

⑥ 1932年 日本が、中国東北部に満州国をつくる。

⑦ 1937〜1945年 日本と中国が戦争になる。
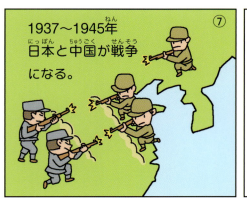

⑧ 1945年 日本がアメリカなどに降伏する。
まいった

⑨ 1949年 中華人民共和国ができる。

⑩ 1972年 日本が、中華人民共和国を正式に認める。
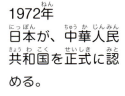

⑪ 1978年 日中平和友好条約が結ばれる。
仲よくしましょう。

17

第1章 中国について考えよう

4 中国と日本との間には、どんな問題があるの？

尖閣諸島をめぐる領土問題

国交を結んで以来、関係を深めてきた日本と中国ですが、その間には、問題もあります。

1つは、尖閣諸島に関する領土問題です。

尖閣諸島は、沖縄県の石垣島の北にあり、昔は人が住んでいたこともありましたが、現在は無人島です。1895年、日本は当時どこの国のものでもないことを確認して、尖閣諸島を領土にしました。第二次世界大戦後、沖縄はアメリカが管理することになりましたが、この時期も尖閣諸島は沖縄の一部としてあつかわれていました。そして、1972年に、沖縄が返還された時に、尖閣諸島も日本に返されたのです。

しかし、1971年に、中国と台湾がそれぞれ自国の領土であると主張してきました。ちょうどこのころに、尖閣諸島の近くで、海底油田があると発表されたためです。

日本政府は、「尖閣諸島は、ずっと日本の領土であり、領土問題は存在しない」という見解をとっています。

尖閣諸島は、以前は個人が所有していましたが、2012年に国が買い上げ、国有化しました。それをきっかけに、中国では強い反発が起こり、各地で日本に反対するデモが起こりました。また、それ以前にも、日本の領海内に中国船が入り、海上保安庁の船とぶつかる事件が起こっています。

尖閣諸島の問題をめぐっては、現在のところ、日本も中国もおたがいの主張を述べるだけで、解決するきざしはありません。

過去の歴史をめぐる対立

日本と中国の関係は、日本が尖閣諸島を国有化したことをきっかけに、急速に悪化しました。

2013年12月、日本の安倍首相が、靖国神社に参拝しました。靖国神社は、戦争などで亡くなった人を神としてまつる神社ですが、戦争を起こした犯罪者（A級戦犯）として死刑になった人もまつられています。日本は、戦争で亡くなった人に対して敬意を表すことはどの国でもしていることで、靖国神社に参拝するのもその1つであるとしています。

中国としては、自分の国を侵略することを命じた人がまつられている神社を参拝するなどもってのほかだと思っています。日本は、他国を侵略したことを反省していないとし、過去の歴史を正しく認識するよう求めています。日本としては、アジア諸国に迷惑をかけたことはじゅうぶんに反省し、おわびしたという立場です。

関係はこじれたまま、首脳会談も、2011年12月以来行われていませんでした。2014年11月に、約3年ぶりに、日本の安倍首相と中国の習近平国家主席による日中首脳会談が開かれました。その場では友好ムードは感じられませんでしたが、2015年4月の首脳会談では日中関係の改善について話し合うなど、前向きに進んでいるきざしが見えます。

東アジアの大国である日本と中国の関係がよくないのは、世界の平和の上でも問題です。ともにアジアや世界のために協力していくことが望まれます。

尖閣諸島をめぐる問題は

沖縄県の尖閣諸島をめぐる日本と中国や台湾の主張は、まったくちがったものになっています。この問題が、国どうしのつき合いにも影響をおよぼしています。

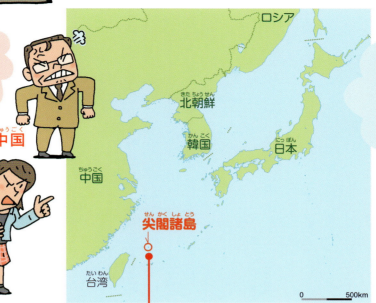

中国：尖閣諸島は、中国の領土なのに、日本が不当に占領している。

台湾：尖閣諸島は、わが国の領土だ。

日本：尖閣諸島は、昔から日本固有の領土である。中国との間に領土問題はない。

尖閣諸島はどんな島？

尖閣諸島は、5つの島と3つの岩礁（潮が満ちると海面より下になる岩）で成り立っています。切り立ったがけや、斜面が多く、人は住んでいません。アホウドリやカツオドリなどの海鳥が多く集まります。

尖閣諸島で最も面積が広いのは、魚釣島（写真おく）。砂浜など、船が着けられる場所はほとんどありません。

写真：毎日新聞社/時事通信フォト

日本と中国の対立

2012年に、日本が尖閣諸島を国有化（国の持ち物にすること）したことから、日本と中国との関係が、悪くなりました。おたがいの指導者が話し合いをする機会がないままでした。2014年、久しぶりに、日本の安倍首相と、中国の習近平国家主席が話し合いをしましたが、なごやかなものではありませんでした。

2014年の首脳会談では、日中の指導者が、目を合わさずにあく手したことが話題になりました。

この問題をきっかけに、日本と中国との関係が悪化したんだ。

写真：AFP＝時事

第1章 中国について考えよう

19

5 中国には どんな争いがあるの？

国内の少数民族との争い

中国は、国内と国外に争いをかかえています。国内の争いの原因となっているのは、少数民族問題で、**チベット問題**と**新疆ウイグル**問題です。

チベットは、中国の南西部にあり、標高3000m以上の高原が続く地域です。日本の3.5倍ほどもある広い地域に、約300万人が暮らしています。その大部分はチベット民族と呼ばれる人たちです。チベットは、清の時代に中国に組み入れられ、現在は、中華人民共和国のチベット自治区になっています。チベットでは、たびたび独立をめざす運動が起こっていますが、中国政府は力でおさえつけてきました。

1959年には、チベット動乱と呼ばれる大規模な独立運動が起こり、チベットの君主であるダライ・ラマ14世という人がチベットからインドに移りました。それ以来中国政府と対立しています。2008年3月、チベット最大の都市ラサで、チベット仏教の僧と中国の警察が衝突し、犠牲者が出ました。ちょうど北京オリンピックの直前でもあり、世界各国で中国政府を非難する声が高まりました。

これ以降もチベットでは、暴動や中国政府への抗議デモなどがたびたび起こっています。世界の多くの国々は、中国政府のやり方を非難していますが、中国政府は態度を変えません。

ウイグル族の独立運動

中国西部の新疆ウイグル自治区では、日本の約4.5倍の範囲に、約2000万人が暮らしています。清の時代に中国が支配する地域となり、独立した時期もありますが、現在は、中華人民共和国に引きつがれています。

新疆ウイグル自治区では、ウイグル語を話し、イスラム教を信じるウイグル族と、中国の大部分をしめる漢民族とで人口がほぼ二分され、少数民族も住んでいます。ウイグル族は漢民族に比べて貧しく、差別を受けていることなどから、独立をめざす運動が起こっています。

2001年、アメリカで同時多発テロが起こると、イスラム原理主義過激派が新疆ウイグル自治区に入り、テロ活動を行うことが心配されました。そのため中国政府は、独立運動家たちの取りしまりを厳しくしました。

ウイグル族の独立運動としては、2013年に北京の天安門に自動車を突入させて自爆した事件、2014年に新疆ウイグル自治区のウルムチ駅が爆破された事件など、たびたびテロが発生しています。

中国政府は、ウイグル族の生活を豊かにして独立の動きをおさえる政策をとっているほか、過激な運動に対しては強くおさえつける方針を示しています。

中国の国内の問題

中国には、多様な少数民族がいます。その中には、もともと独立していたことから、現在も独立をめざす運動をする民族もいます。これは、中国国内では、大きな問題となっており、国際的にも関心を持たれています。

ウイグル独立運動

ウイグル族の人口が多い都市、カシュガルの商人。
写真：Alica Q / Shutterstock.com

ウイグル自治区は、中国のものだ。

独立は認めない。独立運動をする者はつかまえろ！

中国政府

私たちは差別されている。独立をめざすぞ！

ウイグル族

ウイグルとは…

ウイグル族は、中国の新疆ウイグル自治区や、カザフスタン・キルギスなどに約1000万人が住む。現在の新疆ウイグル自治区は、清の時代に占領された地域です。

チベットとは…

チベット民族は、中国のチベット自治区のほか、インド、ネパールなどに約600万人が住む。もともとは、チベット高原に、国を建てて暮らしていました。

独立は認めない。力でおさえつけろ！

中国政府

チベットはもともと独立国だった。中国政府は出ていけ！

チベット族

チベット独立運動

民族衣装を着たチベット民族。
写真：Hung Chung Chih / Shutterstock.com

第1章　中国について考えよう

21

第1章 中国について考えよう

5 中国には
どんな争いがあるの？

南シナ海の島をめぐる争い

南シナ海では、南沙諸島（スプラトリー諸島）と西沙諸島（パラセル諸島）の領有をめぐり、ベトナム、フィリピン、台湾、ブルネイ、マレーシアとの争いをかかえています。

南沙諸島と西沙諸島は、合わせて70ほどの小さな島々です。どの島もせまいので、人が住むことはできません。しかし、島が自国の領土であれば、陸地から200海里（約370km）の範囲は、排他的経済水域と言って、海底から天然ガスなどの資源をほり出したり、ほかの国が漁業をできないようにしたりすることもできます。

南沙諸島と西沙諸島は、19世紀には、インドシナ半島を植民地にしていたフランスの領土でしたが、1930年代に日本が支配するようになりました。1945年に日本は太平洋戦争で敗れ、この海域の領土を放棄しました。その後、南沙諸島は、中国、台湾、フィリピン、ベトナム、マレーシア、ブルネイが、西沙諸島は中国と台湾、ベトナムが領有権を主張しています。

1974年には、西沙諸島の領有権をめぐって中国とベトナムが武力しょうとつしました。当時のベトナムは、南北に分かれ、南ベトナムはアメリカとの戦争の最中でした。中国は、南ベトナムが支配していた島に軍艦などを送り、占領しました。その後、ベトナム戦争が終わり、南北ベトナムが統一されました。1979年には、中国とベトナムの間で中越戦争が起こりました。1988年にも、南沙諸島の領有をめぐって中国とベトナムが争い、中国が勝っています。

中国、ベトナム、フィリピンが対立

最近になっても、南沙諸島と西沙諸島の領有問題をめぐり、関係国の争いが見られます。

2012年4月には、フィリピンが支配するスカボロー礁の近くで漁をしていた中国漁船をフィリピンが立ち入り検査をしたところ、中国が監視船を送って、両国の軍がにらみ合う事件が起こりました。2014年5月には、南沙諸島にいた中国漁船の船員をフィリピン軍が連れ去りました。これに対し、中国は「現場は中国の領内」と主張し、フィリピンに抗議しました。

同じ2014年5月には、西沙諸島沖で、石油をほり出そうとした中国とベトナムの間でも争いが起こりました。中国は将来の本格的な採掘に向けた調査でしたが、ベトナムが激しく抗議しました。ベトナム国内では、中国の行動に対して激しい抗議デモが起こりました。7月になって中国が試掘をやめたことで、どうにかしょうとつはさけられました。一歩まちがえば、中国とベトナムの間で戦争にもなりかねない事態でした。最近では、中国が、勝手に南沙諸島付近の海をうめ立てて、確実な領土としようとしています。こうした動きに、アメリカが、2015年10月に中国が領海と主張する海域に軍艦を送り、緊張が高まりました。

中国は、軍事力を高め、海上でもその勢力をのばそうとしています。島の領有や資源のうばい合いがもとで、中国と他国との間での争いが起こることが心配されます。

南シナ海の領土争い

中国の南に広がる南シナ海には、いくつもの島があります。この島を領土にすると、海の領域にも権利ができるため、近くの国々は、領土をめぐり、さまざまな主張をしています。

この線までが全部中国のものだ。わが国こそ、南シナ海の島々を一手に領土にしているのだ。

中国

中国が主張しているラインを、その形から、「中国の赤い舌」と言うよ。

中国が領土だと主張している島は、中国から遠くはなれている。これらの島は、わが国のものだ。

ベトナム

中国もベトナムも欲ばりすぎだ。ここは、わが国の領土だ。

マレーシア

いやいや、この線の中の島は、わが国のものだ。

ブルネイ

中国は、わが国の領土の島に、勝手に空港をつくっている。許せん！

フィリピン

第1章 のまとめ

　中国は、日本からも近い、おとなりとも言える国で、古くから、日本に大きな影響をあたえてきました。現在の中国は、社会主義のしくみをとっていますが、経済の面では自由なしくみを取り入れ、大きく発展しています。
　日本と中国の間には、尖閣諸島をめぐる問題や、過去の歴史への反省についての問題などがあり、対立する面もあります。
　中国にはさまざまな問題があります。
　台湾とは、長い間おたがいに、自分たちが正しい政府だと主張し合う関係で、解決するきざしは見られません。国内には、少数民族が独立をめざす運動があります。また、近年は、南シナ海の広い範囲での権利を主張し、近くの国々との対立が深まっています。

第1章 中国について考えよう

第2章　朝鮮半島について考えよう

日本のすぐとなりにある朝鮮半島には、大韓民国と朝鮮民主主義人民共和国（北朝鮮）という2つの国があります。なぜ2つの国があるのでしょうか。

1 韓国と北朝鮮はどうちがうの？

朝鮮半島にある2つの国

日本のとなり、ユーラシア大陸からつき出した位置に、朝鮮半島があります。古くから日本とは行き来があり、中国の文化なども、多くが朝鮮半島を通して日本に入ってきたと考えられています。

朝鮮半島には、2つの国があります。北にあるのが朝鮮民主主義人民共和国（北朝鮮）、南にあるのが大韓民国（韓国）です。北朝鮮はロシア、中国と国境を接しています。人口は正確にはわかりませんが、約2500万人と言われています。国全体が山がちの地形で、厳しい冬が長く続きます。いっぽうの韓国の人口は約5100万人です。全体的に日本の東北地方に近い気候で、北部は冬に気温がかなり下がります。

朝鮮半島には、古くから朝鮮民族が暮らし、7世紀以降はほぼ1つの国としてまとまっていました。現在も、北朝鮮と韓国のどちらにも朝鮮民族が暮らし、ほぼ同じことばを話しています。しかし、2つの国の政治のしくみや人々の暮らしのようすは、大きくちがっています。

王国のような北朝鮮

北朝鮮は、社会主義（くわしい説明は8〜11ページ）というしくみをとっていますが、本来の社会主義とはかなりちがっています。

現在の北朝鮮では、金正恩という人が最高指導者の地位にあります。金正恩は、1983年生まれと、指導者としてはたいへん若いのですが、国内では絶対的な権力を持っています。

北朝鮮が建国されたころ、金日成という人が国の指導者でした。金日成が亡くなると、その子どもの金正日が指導者になり、権力が受けつがれました。2011年に金正日が亡くなり、その子である金正恩が現在の地位につきました。

国の名前に「人民共和国（国民の代表によって治める国）」とあるのに、王国のように、指導者の地位が親から子、孫へと引きつがれているのは、そもそもおかしなことです。

北朝鮮の中でも、このような国のあり方に不満を持っている人もいることでしょうが、国民が自由に発言することは許されていません。指導者や政府を批判するような発言をした場合、つかまって殺されてしまうこともあります。国民が得られる情報は限られていて、海外から入る情報はほとんどありません。「アメリカや日本はとても悪い国だ。その影響を受けた南朝鮮（韓国）もとても悪い国で、国民は苦しい生活をしている」と教えこまれています。

第2章 朝鮮半島について考えよう

朝鮮半島の2つの国

ユーラシア大陸からのびる朝鮮半島には、朝鮮民主主義人民共和国（北朝鮮）と大韓民国（韓国）という2つの国があります。

となりどうしですが、人々の行き来はほとんどなく、経済的な結びつきもほとんどありません。

北朝鮮と韓国は、同じ民族なのに、2つの国に分かれているんだ。

同じところ

| 朝鮮民主主義人民共和国 | どちらも朝鮮民族。同じことば（朝鮮語）と文字（ハングル）を使う。7世紀から1945年までは、ほぼ1つの国（または地域）だった。 | 大韓民国 |

ちがうところ

社会主義	国のしくみ	資本主義
国防委員会の第1委員長	国の代表	選挙で選ばれた大統領
制限される	国民の発言	自由
制限される	国内・海外旅行	自由
制限される（ごく少ない）	海外からの情報	インターネットなどで得られる

25

第2章　朝鮮半島について考えよう

1　韓国と北朝鮮はどうちがうの？

奇跡の経済成長をとげた韓国

いっぽうの韓国は、資本主義の国です。国民が選挙で選んだ大統領が指導者になるという民主的な政治が行われています。日本と同じように政党がいくつかあり、自由な議論をして政治が動かされます。アメリカを始めとした文化もたくさん入っていて、暮らしの中にも取り入れられています。また、国内には、アメリカの軍隊がいます。国民は自由に発言することも、自由に旅行することもできます。韓国のようすは、日本と似ています。

現在の韓国は、経済的に豊かな工業国ですが、1960年代半ばころまでは、貧しい国でした。日本とは正式な国交を結んでいませんでしたが、1965年に、**日韓基本条約**という条約を結び、交流が始まりました。それによって、日本からの資金が韓国に入りました。その後もアメリカや日本との協力関係を保って産業をさかんにしました。GDP（国内総生産）や貿易輸出額も増え、国民の生活が豊かになりました。1988年には、首都ソウルで、アジアでは2番目の夏季オリンピックが開かれました。

このような急速な経済成長は、「漢江の奇跡」と呼ばれます。漢江というのは、ソウル市内を流れる川です。漢江を、ソウル、そして韓国の象徴として表し、奇跡的な成長ぶりをたたえていることばです。

1996年には、先進国の集まりであるOECD（経済協力開発機構）に加盟しました。2014年のGDPは、世界で13位（日本は3位）です。

たびたび起こる南北の争い

北朝鮮と韓国は、ともに国際連合（国連）に加盟していますが、どちらも相手のことを正式な国として認めていません。北朝鮮は、韓国のことを「南朝鮮」とか「南朝鮮かいらい（かいらい＝あやつられている政権）」とかと呼びます。韓国も北朝鮮を「北韓」や「北」のように呼びます。

両国は、たびたび争いを起こしています。

2002年6月には、朝鮮半島西岸沖で、北朝鮮の警備艇が、南北の間の境界線をこえてきたため、韓国の警備艇との間で戦いになり、韓国側は6人が死亡、18人がけがを負いました。北朝鮮側も多くの被害を出して引き上げていきました。

2010年3月には、朝鮮半島西岸で、韓国軍の船がちんぼつし、46人の死者・行方不明者を出しました。韓国は、これは北朝鮮の魚雷に攻撃されたのだと発表しましたが、北朝鮮は認めていません。同じ2010年の11月には、黄海にある韓国の延坪島が北朝鮮に攻撃され、4人が死亡しました。

2015年8月には、北朝鮮がうめたと思われる地雷で、韓国兵が重傷を負う事件も起こっています。

これらは、どれも、大きな戦いに発展してもおかしくないくらいのものでした。

同じ民族でありながら、2つの国に分かれ、国のしくみも人々の暮らしも大きくちがう。朝鮮半島が現在のような状態になったのは、どのような理由からなのでしょうか。

北と南のちがい

北朝鮮と韓国とでは、国のしくみや、人々の暮らしに大きなちがいがあります。北朝鮮は、大きな権力を持つ指導者の下、国民は苦しい暮らしをしていると見られています。韓国は、世界の中でも豊かな国です。

北

写真：Attila JANDI / Shutterstock.com

指導者をたたえ、軍事パレードをする

指導者（2015年時点では金正恩）が絶対的な権力を持ち、国民は、その指導を喜んでいるというのが建前です。大規模で統率のとれた軍事パレードが行われます。

首都には高い建物もあるが、活気が感じられない

首都であるピョンヤンなどでは、高層ビルも建てられています。近代的で大きな都市に見えますが、自動車や人の姿は少なく、活気が感じられません。

写真：Astrelok / Shutterstock.com

南

写真：meunierd / Shutterstock.com

人々が自由に行き交い活気にあふれる

首都ソウルなどには、アメリカやヨーロッパふうの文化が見られます。人々は自由に行動し、街は活気にあふれています。

工業化が進み、近代的な都市がある

韓国は、1960年代半ばから大きく発展しました。都市は近代的で、工業が発達しています。北に比べると、国民の生活は、たいへん豊かです。

写真：Sean Pavone / Shutterstock.com

第2章 朝鮮半島について考えよう

2 朝鮮半島で起こった戦争って？

戦後できた2つの国

明治時代に近代化を進めた日本は、朝鮮半島から中国へと侵略する方針を取りました。

1894〜1895年の日清戦争、1904〜1905年の日露戦争で勝利をおさめた日本は、1910年に朝鮮半島にあった韓国（正式には大韓帝国）を、日本の植民地としました。日本による朝鮮半島の植民地支配は、太平洋戦争で日本が敗れる1945年まで続きました。

終戦によって解放された朝鮮では独立の動きもありましたが、戦勝国のアメリカやソ連はそれを認めませんでした。アメリカもソ連も、朝鮮半島で自分に従う国をつくろうとし、1948年、南部に李承晩大統領の大韓民国、北部に金日成首相の朝鮮民主主義人民共和国が誕生しました。その境界は、北緯38度線とされました。

このころ世界は、アメリカを中心とする資本主義の国と、ソ連を中心とする社会主義の国が、それぞれグループをつくって対立するようになっていました。戦争こそ起こりませんでしたが、世界各地で激しい対立があったため、冷戦と呼ばれます。

朝鮮半島でも、冷戦の影響を受け、1950年に戦争が起こりました。6月に、北朝鮮の軍が38度線をこえて南に攻めこみました。この時、北朝鮮は、ソ連や中国にその了解をとっていました。北朝鮮軍は圧倒的に強く、数日後には韓国の首都ソウルを支配し、9月までには、朝鮮半島南東部に韓国軍を追いつめました。

国連軍が戦争に参加

北朝鮮軍が攻め入ったことを知ったアメリカのトルーマン大統領は、すぐに軍を送る準備を始めました。同時に、国際連合（国連）にはたらきかけ、安全保障理事会で、ソ連が欠席のまま、国連軍を朝鮮半島に送ることを決定しました。そのころ日本は、アメリカを中心とする連合国に占領されていましたが、その最高司令官であるマッカーサーが、国連軍総司令部の司令官になりました。

9月、国連軍は朝鮮半島南部の仁川に上陸し、北朝鮮と戦いました。国連軍と韓国軍は北朝鮮軍をおしもどし、10月には北朝鮮の首都平壌を占領、中国との国境付近まで攻めこみました。すると今度は、中国が北朝鮮軍を助けて兵を送ります。12月には平壌を取りもどし、1951年1月には再びソウルを占領します。3月に、国連軍と韓国軍は、ソウルを取りもどしますが、38度線付近で激しい戦いが続きました。

マッカーサーは、中国への攻撃を主張しましたが、トルーマン大統領は、戦争がこれ以上激しくなることをさけるため、マッカーサーをやめさせました。

朝鮮で起こった戦争

1945年に、朝鮮半島は日本の植民地ではなくなりました。しかし、アメリカとソ連の対立などの影響を受け、戦争が起こってしまいました。

初め、北朝鮮側がおしぎみで、韓国軍を朝鮮半島の南東部まで追いつめました。

その後、アメリカを中心とした国連軍が韓国軍に加わると、北朝鮮が中国との国境近くまで追いつめられました。

仁川に上陸する国連軍。朝鮮半島を占領される寸前だった韓国軍は、これを機に、北朝鮮軍をおしもどした。
写真：時事通信フォト

日本を占領していた連合国の最高司令官、マッカーサー。朝鮮戦争では、国連軍の総司令官になった。
写真：ROGER_VIOLLET

第2章 朝鮮半島について考えよう

29

第2章 朝鮮半島について考えよう

2 朝鮮半島で起こった戦争って？

戦争の経過と休戦協定

その後、国連・韓国軍と、北朝鮮・中国軍は、おたがいに相手を攻撃する作戦に出ますが、成功しませんでした。1953年に、アメリカのアイゼンハワー大統領は、戦争を有利にするために、原子爆弾(原爆)を使うことも考えたと言われますが、結局、原爆は使われませんでした。

こうした中、長引く戦争をいったんやめる休戦の提案が出されます。1953年7月、北朝鮮と中国の代表と国連軍の代表が、38度線にある**板門店**で休戦の協定を結びました。韓国軍は休戦を受け入れず、休戦協定には参加しませんでしたが、戦いはやめました。

この戦争は、**朝鮮戦争**と呼ばれ、100万人以上の一般市民が亡くなりました。休戦の時に決められた軍事境界線で家族が別れ別れになり、行き来ができなくなってしまった家族もたくさんいました。

休戦協定は結ばれましたが、その後、正式に戦争をやめるための話し合いは行われていません。したがって、現在も韓国と北朝鮮の間は、一時的に戦争を休んでいる状態が続いています。休戦協定が結ばれてから60年以上も、南北はそれぞれの道を歩んできたのです。南北が敵対し、たびたび死者の出るような戦いをしているのは、このような事情があったからなのです。

日本にも大きな影響が…

朝鮮戦争には、韓国、北朝鮮のほか、国連軍の中心となったアメリカや、北朝鮮に味方した中国など、多くの国々も参加しました。ソ連は、直接軍隊を送ることはありませんでしたが、北朝鮮軍と中国軍に武器を送っていました。国連軍には、アメリカ、イギリス、フランス、オランダ、オーストラリアなどの国々が参加しました。

日本は、敗戦から間もない時期で、アメリカなどの連合国に占領されていましたが、戦争に必要な物資の生産や運搬などの注文が増え、産業がさかんになりました。日本の経済が上向きになるきっかけとなりました。

朝鮮へ向かう国連軍は、日本からも多く現地に向かいました。また、朝鮮戦争が始まった時に、現在の自衛隊のもとになった警察予備隊が誕生しています。これは、日本にいたアメリカ軍が朝鮮に行ってしまった後、国内の軍事力がなくなってしまうことをさけるために、アメリカが指示したものです。

朝鮮戦争が起こったことで、日本もいろいろな影響を受けたのです。

朝鮮戦争の意味は？

朝鮮戦争は、朝鮮半島内での、韓国と北朝鮮との争いという意味だけでなく、アメリカ、中国、ソ連など、ほかの国を巻きこむ戦争でした。冷戦によって、当時対立が激しくなっていたアメリカを中心とするグループと、ソ連を中心とするグループの対立が背景となっています。

アメリカ側とソ連側が直接戦うことをさけ、朝鮮半島の南北の国が代理として戦ったのが朝鮮戦争だったとも言えるのです。

戦争の結果

朝鮮戦争は、休戦という状態のまま、長い年月がたちました。北と南との間の行き来がなくなってしまい、戦争で別れ別れになった人は、簡単に会うこともできなくなりました。

その後も、北と南との間で、軍がぶつかり合うようなできごとも起こっています。

現在も、南北の間では、戦争が続いている状態なんだよ。

南北の休戦ラインにある板門店。北朝鮮と韓国の兵士が、それぞれ境界線を見張っている。

写真：AFP＝時事

日本への影響

日本のすぐとなりで起こった朝鮮戦争は、日本にもいろいろな影響をあたえました。経済の面では、日本が、戦争の痛手から立ち直るきっかけになったと言えるでしょう。

工業製品がどんどん売れるようになる。

工業がさかんになってきた。

景気がよくなったぞ！

警察予備隊（現在の自衛隊のもと）ができる。

国内の軍事力になるものをつくりなさい。
はい。さっそく。

3 韓国と日本の間には、どんな問題があるの？

勝手に引かれた国境線

韓国は、日本にとって最も近いよその国です。九州の北にある対馬から韓国までは、わずか50km、高速船を使えば1時間ほどで行き来できます。たがいの交流や貿易もさかんですが、両国の間には、いろいろな問題もあります。

その1つが、**竹島**をめぐる**領土問題**です。竹島は、島根県おきの隠岐諸島から北西約158kmにある小さな島です。東島（女島）と西島（男島）の2つの島のほか数十の小島があり、総面積は約0.20km^{2}です。平地はほとんどなく、島の周囲は切り立ったがけになっています。

17世紀半ば、この島は日本からは松島と呼ばれ、航路の目印としたほか、アシカ漁をしていたと言います。1905年、日本政府はこの島を竹島と名づけ、島根県の一部としました。

1945年、日本が戦争に敗れ、明治時代以降に手に入れた領土を放棄しました。竹島はもともと日本の領土だったので、放棄する領土には入っていませんでした。ところが1952年に、韓国の**李承晩大統領**が、竹島を韓国領とする国境線を引いてしまったのです。この国境線を、**李承晩ライン**と言います。明らかな国際法違反でした。その後、韓国は、竹島に警備隊を置き、宿舎や監視所、灯台などを建てて、自分の国の領土であることを主張しています。

日本政府は、こうした韓国のやり方に強く抗議するとともに、国際司法裁判所で判断してもらうことを提案しましたが、韓国は応じませんでした。国際司法裁判所は、国と国との争いを判断する裁判所ですが、両方の国が応じないと裁判ができないしくみなのです。

竹島問題の今後は？

こうして、韓国は竹島を一方的に占領したままになっています。

2005年、島根県は、竹島返還と、日本国民に竹島に関心を持たせることをめざして、2月22日を「**竹島の日**」とする条例を決めました。いっぽう韓国は、2012年に当時の大統領が竹島を訪れ、竹島が韓国領土であるという主張をさらに強くしました。

戦後、韓国は、日本が朝鮮半島を植民地としていたことを強く非難してきました。竹島は、韓国にとって日本に対抗する象徴とも言えるものです。竹島を守ることで、愛国心を高めようとする政府の思惑も感じられます。

日本としては、韓国が竹島を勝手に占領しているということを認めさせるしかありませんが、韓国が応じなければ国際司法裁判所にはうったえられません。今後、竹島が日本の領土であることを、世界に認めてもらえるよう、ねばり強く交渉していくしかありません。

竹島をめぐる問題

竹島をめぐる日本と韓国の対立のもとは、1952年に、当時の韓国の李承晩大統領が、竹島を韓国領とする国境線を引いたことにあります。

それ以来、韓国は竹島を自分の国の領土であるとして、まったくゆずりません。

韓国は、竹島が自分の国の領土であることをはっきり主張するために、竹島に軍事施設をつくり、兵士を置いています。また、韓国本土から、船で行く観光ツアーも実施されています。

空から見た竹島。2つの島と、数十の小島がある。平地はほとんどない。

竹島に建てられた、韓国沿岸警備隊の砲台。銃を持った隊員が島の警備をしている。

> 竹島はもともと日本の領土だった。韓国は、日本の領土に勝手に入りこんでいる。

> 竹島はもともと朝鮮のものだった。日本の植民地から独立した韓国の領土にまちがいない。

竹島問題の解決は？

日本も韓国も、竹島は自国の領土だと言っているため、問題は解決しません。国と国との争いは、国連の機関である国際司法裁判所に意見を求めることができます。しかし、そのためには、関係する両方の国が裁判に応じなければなりません。日本は、韓国に、国際司法裁判所での審議を提案していますが、韓国が応じようとしません。

> 裁判で結着しよう。

> 領土問題に関して、裁判なんてしたくない！

第2章 朝鮮半島について考えよう

第2章 朝鮮半島について考えよう

3 韓国と日本の間には、どんな問題があるの？

慰安婦の強制連行問題

太平洋戦争中、日本軍は、中国、フィリピン、ビルマ（現在のミャンマー）、マレーシアなどに攻めこみました。各地に、女性が兵士たちの性的な相手をする慰安所という施設がつくられていました。兵士たちが、現地の女性をおそうことを防ぎ、性病が広まらないようにすることなどが目的でした。慰安所で働く女性を慰安婦と言います。慰安婦たちは、日本国内のほか、当時日本の植民地だった朝鮮や台湾などからも集められました。その募集や現地まで行くことなどは、日本軍が民間業者に任せていましたが、日本軍が朝鮮から強制的に（またはだまして）女性たちを連れていき、慰安所で働かせたと証言する人が現れました。

これについて、1992年、当時の宮沢首相が日韓首脳会談で公式に謝りました。1993年には、河野官房長官が、慰安婦たちが自分たちの意思に反して連れていかれたことに対し、おわびと反省の気持ちを表しました。1995年には、村山政権が「女性のためのアジア平和国民基金（アジア女性基金）」をつくりました。日本国民からの募金と政府からのお金によって元慰安婦に、「償い金」をわたしたり、医療や福祉の支援をしたりするためのものでした。しかし、元慰安婦とそれを支援する韓国の団体は、日本政府に対して責任を認め、賠償金をはらうことを要求し続けています。韓国政府も、同じ考えです。

日本には、慰安婦が強制的に連れていかれた事実はないとする説もあります。安倍政権は「証拠は見つかっていない」と言っています。宮沢首相や河野官房長官のおわびは、じゅうぶんに調査した事実に基づいたものではないという批判もあります。また、1965年に日本と韓国との間で結ばれた日韓基本条約で、韓国側が日本に対して請求する権利を放棄すると決めているので、仮に慰安婦の強制連行があったとしても、その賠償を請求することはできないというのが日本政府の立場です。

日本と韓国の関係が悪化

2005年ごろから、竹島をめぐる領土問題から、日本と韓国の関係は悪化していましたが、2012年に、李明博大統領が竹島を訪問したことにより、さらに悪化しました。

2013年に、韓国では朴槿恵大統領による政権が発足しました。朴槿恵大統領は、慰安婦問題などについて、日本政府は歴史認識をまちがっていると主張しています。日本は、過去に朝鮮の人々を苦しめたことを反省していないのではないかと批判し、日韓の首脳会談にも応じませんでした。

日本では、このような韓国の姿勢に対し、強く抗議するデモなどが行われるようになりました。中には、ひどいことばで、にくしみや差別感情を表すヘイトスピーチも行われています。

となりの国と仲よくしていくことは、国の安全上でも大切ですし、東アジアや世界全体を考えた場合も重要です。おたがいの国民が、相手の立場を理解しながら、解決の道を見つけていきたいものです。

日本と韓国の問題

日本と韓国は、国のしくみが同じで、アメリカとの関係が深く、基本的にはよい関係でした。しかし、2005年ころから、竹島をめぐる問題などのために、関係が悪化しています。

- 戦争中、日本は、朝鮮半島の女性を無理やりつれていった。
- 賠償金をはらえ！
- 申し訳ありませんでした。

- 日本は、過去にしたことを反省していない。
- こんな状態では首脳会談はできない。

- 日本と韓国の賠償問題は、1965年の条約で解決している。
- 過去のことはじゅうぶん反省している。
- 首脳どうしが話し合うべきだ。

- 韓国人は…
- 仲よくしたいものだけど…

アメリカの仲立ちで会った日韓首脳

韓国の朴槿恵大統領と日本の安倍首相は、政権ができてから、ずっと正式な首脳会談を行っていませんでした。

アメリカのオバマ大統領が、両者に呼びかけ、2014年3月に、日本、韓国、アメリカの3か国の首脳会談が開かれました。アメリカにとっても、日本と韓国が仲よくすることが重要なことだったためです。日本と韓国の2か国の首脳会談は、2015年11月にようやく開かれました。

写真：Yonhap／アフロ

2014年3月の会談後の、韓国、アメリカ、日本の首脳（左から）。

第2章 朝鮮半島について考えよう

4 北朝鮮と日本の間には、どんな問題があるの？

北朝鮮に連れ去られた日本人

日本が、朝鮮半島のただ1つの政府として認めているのは韓国です。北朝鮮を国として認めておらず、正式な国交も結んでいません。

両国の間にはさまざまな問題があります。そのひとつが**日本人拉致問題**です。拉致というのは、無理やり連れ去ることです。

1970年代後半から80年代にかけて、日本海側の各地で行方不明者が出ました。これは、北朝鮮に拉致されたのではないかという疑いが出ました。日本政府が北朝鮮に行方不明者の調査を申し入れても、北朝鮮は拉致を否定し、行方不明者は北朝鮮にいないと答えていました。

2002年9月、当時の**小泉純一郎首相**が北朝鮮を訪れ、**金正日総書記**と会談しました。この席で金正日総書記は過去に拉致があったことを認め、「一部の者が勝手にやったことだ」と説明し、5人が北朝鮮で生きていること、8人が亡くなっていることを知らせました。

その翌月、拉致されていた5人が、日本にもどってきました。何の罪もないのに、20年以上も他国に連れ去られたままになっていた人たちは、どんな思いだったことでしょう。

拉致問題の解決に向けての動き

日本側の調べで、北朝鮮に連れ去られたとされる人は、ほかにもいます。また、北朝鮮側が死亡したと言う人についても、本当かどうか疑わしい人がいます。しかし、その後、拉致被害者は解放されず、情報ももたらされていません。

日本政府は、以前から拉致問題対策本部を設けてこの問題を解決しようとしてきましたが、2009年に、総理大臣を本部長とし、外務大臣ともうひとりの国務大臣（拉致問題担当大臣と呼ぶことがある）・内閣官房長官が副本部長につく組織に変えました。これは、拉致問題への取り組みをより強力にするためのものです。

2011年12月に、北朝鮮の金正日総書記が亡くなり、金正恩が後をつぐと、拉致問題がどう進展するかも注目されました。

2014年5月、北朝鮮が、拉致問題について、全面的によりくわしく調査することを約束したと発表されました。7月には、北朝鮮の特別調査委員会の内容がわかり、夏の終わりから秋の初めには最初の調査結果の報告が得られることになりました。この動きに、関係者の間に期待が高まりました。しかし、10月末になっても、「明らかな資料が見つかっていない」というだけで、それ以降も具体的な結果を示していません。

関係者が高齢化する中、この問題が一刻も早く解決することが望まれます。そして、私たちは、同じ国民が不法に連れ去られたことを忘れてはなりません。

日本人を連れ去った北朝鮮

1970年代から、北朝鮮が日本人を連れ去っているのではないかという疑いがありましたが、北朝鮮は認めませんでした。2002年に日本の小泉首相が北朝鮮を訪問した時に、北朝鮮が正式に認めました。

北朝鮮の工作員が、日本で日本人を拉致していた。

北朝鮮の工作員が、私たちの家族をさらったんだ！

拉致された人の家族が日本政府にうったえていた。

まったくそんな事実はありません。

北朝鮮は、その事実を認めなかった。

ところが…
小泉首相が北朝鮮へ行き、日朝首脳会談が行われる。

写真：時事

一部の者が拉致していました。

金総書記が拉致を認める。

北朝鮮から帰った日本人

小泉首相の訪問をきっかけに、北朝鮮は、連れ去った日本人のうち、5人を解放しました。

5人は、一時日本にわたり、また北朝鮮にもどるという約束があったと言われていますが、5人はそのまま日本にとどまりました。

北朝鮮に連れ去られていた人たちが、日本に帰ってきた時のようす。20年以上もはなれていた故郷にもどってきた。

写真：時事

でも、まだ北朝鮮に拉致されたままの日本人がいると考えられているよ。

第2章 朝鮮半島について考えよう

第2章　朝鮮半島について考えよう

4 北朝鮮と日本の間には、どんな問題があるの？

北朝鮮の工作船とミサイル

2001年12月、鹿児島県の奄美大島沖で、北朝鮮の工作船が発見され、海上保安庁の船との間で銃をうち合う事件が起こりました。工作船はちんぼつし、その後、死亡者が確認されました。この船は、日本に覚せい剤を持ちこもうとした疑いがあります。

これだけでなく、北朝鮮のものと思われる工作船が日本の領土の近くに来ていることが、たびたび見つかっています。日本の領海内や近海に、このような船が現れることは、日本の安全がおびやかされることになります。

北朝鮮は、日本海に向けてたびたびミサイルをうちこんでいます。1998年にはテポドン1号をうち、日本の上空を飛びこえました。さらに、人工衛星の打ち上げと言って、事実上のミサイルを発射したこともあります。これらのミサイルは、日本海や太平洋に落下していますが、これは、日本をねらってミサイル攻撃をしかけることができるぞというおどしのようです。

さらに、北朝鮮は、2006年以来、たびたび核兵器の実験を行っています。核兵器は、一瞬にして大量の命をうばうおそろしい兵器です。北朝鮮は、いざとなったら何をするかわからないと、世界に向けておどしをかけているのです。このような国と、正常な関係を結ぶことは難しいでしょう。

乗りこえなければならない問題

太平洋戦争が終わるまで、日本は朝鮮半島の人々に対してさまざまな迷惑をかけました。戦後、日本は韓国との間に国交を結びましたが、北朝鮮との間には国交を結んでいません。そのため、過去にかけた迷惑をどのようにつぐなうかについて、北朝鮮との間では話し合われてきませんでした。北朝鮮は、日本が朝鮮半島を植民地にしていたことについて、つぐないをすべきだと言っていますが、話し合う場もありません。

このほか、過去に北朝鮮にわたった日本人妻の帰国問題などもあります。

戦後、北朝鮮ができると、戦前や戦中に日本に来ていた朝鮮の人たちの中には、北朝鮮にわたることを希望する人がいました。当時、「北朝鮮こそ地上の楽園」と宣伝されていたこともあったからです。日本政府も、希望者が故郷に帰ることをすすめたので、多くの人が北朝鮮にわたりました。その中には、朝鮮人と結婚していた日本人妻もいました。

ところが、実際に行ってみると、北朝鮮は地上の楽園どころか、食べ物や燃料、日用品にも困るような所だったのです。また、日本からわたった人々は差別を受けました。しかも、日本に帰りたいと思っても帰れなくなってしまったのです。

日本政府は、このような日本人妻を日本に帰らせるように要求していますが、北朝鮮は認めていません。

日本と北朝鮮の関係改善のためには、多くの問題を乗りこえなければならないのです。

北朝鮮と日本の問題

工作船が来ている？

北朝鮮からは、日本に覚せい剤（薬物の1つ）を持ちこむなどの目的で、工作船がやってきているようです。

2001年には、日本の近くで、海上保安庁の船と銃のうち合いになり、工作船がちんぼつするという事件が起こりました。

北朝鮮のものと思われる工作船（おく）と、海上保安庁の船。

写真：読売新聞／アフロ

ミサイル発射

北朝鮮は、20世紀末から、日本の方向に向けて、何度もミサイルをうちこんでいます。また、核兵器の開発を進めています。

第2章 のまとめ

朝鮮半島は、1910年から1945年まで、日本が植民地として支配していました。

現在、朝鮮半島には、韓国と北朝鮮という、2つの国があります。この2つの国は、同じ民族の国ですが、国のしくみや、人々の暮らしのようすが大きくちがいます。

両国は、1950年から戦争をしました。現在も、戦争を一時休んでいるという状態が続いており、交流はほとんどありません。

日本は、韓国を正式な国として認めています。交流はありますが、竹島をめぐる領土問題などがあり、日本と韓国との関係は、よいとは言えません。

いっぽう、日本は、北朝鮮を正式な国として認めていません。日本人を連れ去った拉致問題や、北朝鮮による核開発など、解決しなければならない問題がいくつもあります。

第3章 東アジアの平和について考えよう

日本、中国、そして朝鮮半島などをふくむ東アジア。東アジアが平和を保っていくには、どのような問題を解決しなければならないのでしょうか。

1 北朝鮮をめぐる国際問題とは何だろう？

北朝鮮の核兵器開発

東アジアの平和を考える上で、北朝鮮の問題が1つのポイントになっていることはまちがいありません。北朝鮮は何度も核実験をしています。これは周辺の国だけでなく、世界の国々にとっても大きな問題です。自分に都合の悪いことをしたら、いつでも核兵器で仕返しできるとおどしているようなものだからです。

世界の国々の間では、核兵器による戦争を防ぐため、核兵器を持つ国が増えないようにする**核拡散防止条約**という取り決めがあります。この条約に参加している国には、定期的に専門家が調査に入り、核兵器をつくろうとしていないかを調べます。北朝鮮もこの条約に参加していましたが、ずっと調査を断っていました。

1992年にようやく行われた調査で、北朝鮮は核兵器の材料になるものをつくっている疑いが出ました。専門家が、さらにくわしく調査をしようとすると、北朝鮮は条約からぬけると言い出しました。条約からぬけると、北朝鮮は好きなように核開発を進めてしまうかもしれないので、この時は、アメリカが北朝鮮に燃料を援助することで、条約からぬけることを思いとどまらせました。

しかし、2002年に、北朝鮮がやはり核兵器開発をしていたことが明らかになり、翌年に条約からぬけました。そして、2006年、2009年、2013年、2016年に核実験を行いました。

関係諸国による話し合いを

アメリカは、以前から北朝鮮が核兵器を持たないようはたらきかけていました。世界一の経済力や軍事力を持つアメリカは、世界の平和と安全が損なわれると自国の利益にならないと考え、世界のどこであろうと、平和と安全がおびやかされる原因を防ごうとしています。

2003年、アメリカは、北朝鮮が条約からぬけたことを受けて、この問題を周辺の国々もふくめた6か国で話し合おうと提案しました。北朝鮮の核開発をめぐって戦争が起れば、周辺の国も巻きこまれる可能性が高いからです。

2003年4月、まずアメリカと北朝鮮、中国による話し合いが行われました。この時は、3か国が自国の主張を述べただけでした。このころ、北朝鮮はすでに核兵器を持っている可能性が高くなっていました。アメリカは、北朝鮮を追いつめれば核兵器が使われるかもしれないので、6か国の話し合いでそれを食い止めようと考えました。

核兵器を開発した北朝鮮

北朝鮮は、1990年代から、核兵器を開発しているのではないかという疑いが持たれていました。それを防ぐための、各国による話し合いが開かれてきました。

第3章 東アジアの平和について考えよう

1 北朝鮮をめぐる国際問題とは何だろう？

6か国協議での各国の立場

2003年8月、初めての6か国協議（6者会合とも言う）が行われました。参加したのは、アメリカ、北朝鮮、中国に加えて、日本、韓国、ロシアです。

アメリカを除くと、東アジアと、東アジアに近い国ばかりです。おたがいに近い地域にあって、それぞれが影響し合うことが大きい国々の話し合いであったことがわかるでしょう。

この中で、韓国は、北朝鮮と敵対する関係ではありますが、同じ民族であり、いつかは統一した国をつくりたいという希望があります。また、もしも北朝鮮で戦争が起これば、北朝鮮が韓国に攻めこむことがあるかもしれません。そのため、北朝鮮に圧力をかけるのではなく、対話をしていきたいという立場です。

中国は、北朝鮮と同じ社会主義の国で、以前から仲のよい関係です。もしも北朝鮮で戦争が起これば、多くの難民が中国に入り、混乱が起こることも予想されます。また、世界の大国になることをめざすためにも、国際的な話し合いの場をリードしたいと考えています。

ロシアも、北朝鮮と仲のよい国です。戦争を防ぐとともに、朝鮮半島での影響力を強くしたいという思いもありました。

ある程度の成果が上がる

第1回の6か国協議では、北朝鮮を除く5か国は、北朝鮮の核開発をやめるようにと言いましたが、北朝鮮は、アメリカが北朝鮮を攻撃しな

いと保証するほうが先だと主張しました。最終的に、戦争などによらず、問題を解決していくこと、そのための話し合いを続けていくことでは同意しましたが、具体策については決められず、共同文書も発表されませんでした。

6か国協議は、その後も開催され、2007年3月までに6回行われました。

北朝鮮の核開発問題だけでなく、日本が拉致問題を話題にしたこともあります。

2005年9月の協議では、北朝鮮が核兵器放棄に同意し、初めて共同声明を出すことができました。また、2007年2月には、北朝鮮が核施設停止に向けて取り組むことに同意しました。このように、6か国協議はある程度の成果を上げているように思われました。

再び話し合いの場を

ところが、前にもふれたように、北朝鮮は、2006年、2009年、2013年、2016年に核実験を行ったほか、ミサイルもたびたび発射しています。そのため、6か国協議は、2007年3月以来開かれなくなってしまいました。

国際的な話し合いでは、話し合いの場が設けられること自体が重要なことです。当事者たちが、問題を解決したいという希望を持っていることがうかがえるからです。各国の立場や利害があるにしても、話し合いの機会が再び設けられることが望まれます。

2015年11月に、日本、中国、韓国の3か国の首脳会談が開かれたことから、6か国協議の再開に向けた動きも見られます。

6か国での話し合い

2004年2月に開かれた第2回6か国協議では、アメリカ、日本、韓国が、北朝鮮に対して、核兵器につながるすべての研究・開発をやめるように要求しました。北朝鮮は、武器につながる核兵器の開発に限ってやめると言いました。

第3章 東アジアの平和について考えよう

「核兵器につながるすべての研究・開発はやめなさい！」
アメリカ／韓国／日本

「武器につながる研究・開発はやめるが、平和的利用は続ける。」
北朝鮮

「北朝鮮が核を持つのは望ましくない。」
中国／ロシア

- 2003年　第1回6か国協議
- 2005年　共同声明を出す
- 2006年　北朝鮮が核実験
- 2007年　北朝鮮が核施設停止に向けて取り組むことに同意
- 2009年　北朝鮮が核実験
- 2013年　北朝鮮が核実験

「核兵器をなくす姿勢を示せ！」「いい加減にしろ！」

43

② 朝鮮半島は、いつの日か1つになるの？

南北首脳会談が開かれる

　南北に分かれ、政治や社会のしくみやようすがまったくちがう韓国と北朝鮮ですが、それぞれ、いつかは同じ国になることをめざしています。それは、2つの国に分かれてしまった朝鮮民族にとっての願いでもあるでしょう。

　これまでに、統一に向けた動きがいくつかありました。

　1994年6月、北朝鮮の金日成国家主席と韓国の金泳三大統領が、7月に平壌で首脳会談を開くことが決まりました。おたがいのトップの指導者が直接会うことは初めてで、これを機に、統一に向けた動きが一気に進むのではないかと思われました。しかし、その直後に金日成国家主席が亡くなってしまったため、この会談は開かれないまま、その話も立ち消えになってしまいました。

　初めての南北首脳会談が開かれるのは、その6年後の2000年のことです。韓国の金大中大統領が平壌を訪れ、金正日総書記と会談したのです。

　それまで、金大中大統領は、北朝鮮に対して、太陽政策という政策をとると言っていました。イソップ童話にある「北風と太陽」の中で、旅人のコートをぬがせたのは、冷たい北風ではなく、暖かい太陽だったように、北朝鮮に圧力をかけるより、食料などの援助をして歩み寄ろうというものでした。

トップ指導者が会うことが成果

　この時の首脳会談では、南北統一を民族の問題として解決することや、経済協力などの交流を深めていくことなどで合意しました。しかし、何よりも、おたがいのトップが直接会って話をしたことが最大の成果でした。金大中大統領はこの功績で、ノーベル平和賞を受賞しています。

　韓国では、それまで、北朝鮮に対してあまりよくない印象を持つ人が多かったのですが、この会談の後は、北朝鮮と積極的に仲よくしていこうとする人が多くなりました。また、この会談を受けて、南北に別れ別れになってしまった家族が再会するという、目に見える成果もありました。

　2007年10月には、盧武鉉韓国大統領と金正日総書記の会談が開かれました。この時は、前回の首脳会談での共同宣言にあった内容を確認し、おたがいを尊重し、信頼関係を築いていくことなどで一致しました。

　しかし、その後、北朝鮮の核兵器開発問題などがあり、南北首脳会談は行われていません。金正日のあとをついだ金正恩は、2015年1月に、「（環境が整えば）南北首脳会談ができない理由はない」と述べています。

南北会談の歩み

1990年代から、韓国と北朝鮮の首脳の話し合いをしようという動きが見られるようになりました。これまでに、実際に話し合いが行われたのは、2回です。

朝鮮民主主義人民共和国	大韓民国

金日成

1994年 金日成主席と金泳三大統領の会談が決まるが、金日成主席が亡くなったため実現せず。

金泳三大統領

金正日

2000年 初めての南北首脳会談が開かれる。

初めて会った南北の首脳。
写真：AFP＝時事

金大中大統領
ノーベル平和賞受賞

南北首脳会談をしましょう。

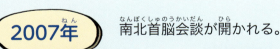
2007年 南北首脳会談が開かれる。

北朝鮮を訪れた韓国の盧武鉉大統領（右）と、出むかえた金正日総書記（左）。
写真：AFP＝時事

金正日

南北首脳会談ができない理由はない。

金正恩

盧武鉉大統領

李明博大統領

朴槿恵大統領

第3章 東アジアの平和について考えよう

45

第3章 東アジアの平和について考えよう
2 朝鮮半島の統一は、実現するの？

統一ムードの移り変わり

南北の国が対立し、おたがいに相手を正式な国と認めないため、韓国と北朝鮮は、国際連合（国連）への加盟がなかなかできませんでした。1991年になって、ようやく南北が同時に加盟しました。

南北統一をアピールするために、2000年のシドニーオリンピック、2004年のアテネオリンピックなどの開会式で、両国の選手団がいっしょに入場行進を行ったこともあります。また、韓国で開かれた国際スポーツ大会に、北朝鮮から選手のほか、応援団が訪れて話題になったこともあります。

また、北朝鮮の観光地を韓国人が訪れたり、南北共同で工業団地の開発を進めたこともあります。

しかし、その後両国の関係は悪化し、統一へのムードは、急速にしぼんでしまいました。

統一への道のりは険しい？

長期間にわたって別々になっていた国が1つになるのは、相当な困難もあります。

その1つは、国のしくみをどうするかです。韓国は資本主義、北朝鮮は社会主義をとっているため、1つの国としてどちらかのしくみをとるとなると、国内は大混乱すると考えられます。そのため、社会主義の中国の中に資本主義の香港やマカオがあるように、1つの国に2つの制度の地域があるようにする制度をとることが考えられます。

また、韓国と北朝鮮の経済的な格差も問題になります。先進国になった韓国に対して、北朝鮮は、国民の食料や資源もじゅうぶんに確保できないような国です。韓国は、北朝鮮の20倍ほどの経済規模を持っていると推測されます。もし南北が統一したら、貧しい北を豊かな南が支えなければなりません。これまで北では発達していなかった交通機関や住宅などを整備し、じゅうぶんな食料がいきわたるような政策をとる必要があります。そのためには、ばく大な費用がかかるでしょう。そのような状態が続けば、統一された国自体の経済がゆきづまってしまうかもしれません。

また、国民の間で大きな格差があることがもとになって、差別が生まれることになるのではないかという心配もあります。

このような困難がありながら、南北統一によって生まれるメリットも挙げられます。

統一によって、民主的な国が生まれるのであれば、現在の北朝鮮によって起こっている核兵器をともなう戦争の恐怖は遠ざかります。少なくとも、話し合いで問題を解決できる国であれば、日本をふくめた周辺の国々にとって、安全が保障されるでしょう。ひいては、この地域の経済的な発展にもつながるはずです。

現実には、近い将来、南北の統一が実現する可能性は、かなり低いと考えられます。東アジアの平和と安全への影響を考えながら、韓国、そして北朝鮮の動向を見守っていきたいものです。

南北統一ムードの高まり

2つに分かれてしまった民族を、1つに統一したいという願いは、朝鮮半島の多くの人々が持っていると考えられます。
スポーツの大会などでは、両国がいっしょに行進したり、統一チームをつくったりしたこともあります。

オリンピックで、統一旗をかかげて入場する、韓国と北朝鮮の選手たち。

写真：時事

南北が統一したら…

長い間分かれていた2つの国が1つになると、よいこともあれば、よくないこともあると考えられています。

よいこと

独裁者でなく、国民の代表が指導者となる国ができれば、核兵器が開発されることもなく、この地域が安全になる。

よくないこと

貧しい北を豊かな南が支えることになり、経済に問題が起こるかもしれない。

北と南の間で差別が起こるかもしれない。

さまざまな問題はあるけど、いつか1つになるかもしれないよ。

第3章 東アジアの平和について考えよう

47

3 東アジアの動きと日本の役割は？

東アジアで進むリージョナリズム

世界のある地域で、経済や環境などでの問題共有する国どうしがまとまり、結びつきを深めて協力していこうとする動きが高まっています。このような動きは、**リージョナリズム(地域主義)**と言われます。フランスやドイツ、イギリスなどのヨーロッパ諸国がEU(ヨーロッパ連合)をつくって、ユーロという共通の通貨をつくったほか、外交などの分野でも共通の政策をとろうとしているのは、その代表例です。

東アジアや東南アジアでは、言語や文化が多様であるために、1つのまとまりをつくるのは難しいと思われてきましたが、近年は、この地域でもリージョナリズムの動きは活発になっています。

1967年に、東南アジアの諸国が経済成長や社会・文化の発展を目的に、**東南アジア諸国連合(ASEAN)**が発足しました。2015年の時点では、10か国が参加しています。

1997年から、ASEANに、日本、中国、韓国の3か国を加えたASEAN+3がつくられ、年1回の首脳会議などが行われています。より広い地域で、貿易や金融だけでなく、災害支援などの分野にも協力関係を広げたものです。さらに、2005年からは、ASEANに、日本、中国、韓国、インド、オーストラリア、ニュージーランドを加えたASEAN+6のわく組みができ、東アジアサミット(EAS)という首脳会議が行われています。EASは、2011年の第6回からアメリカとロシアが加わりました。

アジアでのわく組みに、日本はアメリカを加えたいという意思がありますが、中国は、自国の影響力を示すために、ASEAN+3をじくにすることを望んでいます。このようなかけ引きもありつつ、東アジア地域の結びつきが強くなっています。

開かれなくなった日中韓サミット

東アジアの中で大きな役割を担う日本、中国、韓国が独立して、3か国の首脳会談として、2008年から開催されるようになったのが、**日中韓首脳会談(サミット)**です。第1回は、日本の九州で開催されました。また、第4回は、東日本大震災のすぐ後に日本で行われ、3か国の首脳がそろって被災地を訪れました。2013年に第6回が行われる予定でしたが、尖閣諸島の領有問題で、中国が日本に反発したことで中止、そのまま開催されなくなり、2015年11月になって再開されました。

東アジアの安全にとって重要な3か国の首脳が話し合う場をもっと有効に利用してほしいものです。

アジアの国々の結びつき

東南アジアの国々は、1960年代に東南アジア諸国連合（ASEAN）をつくり、主に経済の分野で協力を進めてきました。20世紀終わりころから、ASEANに、日本や韓国、中国などの結びつきも強くなってきました。

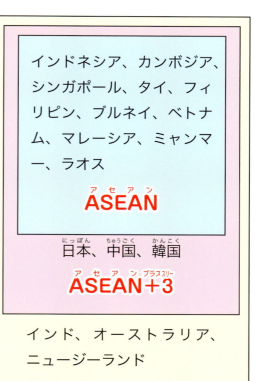

東アジアサミット

2005年から、東アジアサミットが行われるようになりました。日本と中国は、思うところにちがいがあるようです。

第3章 東アジアの平和について考えよう

3 東アジアの動きと日本の役割は？

東アジア共同体の構想

ASEAN＋3を中心に、EU（ヨーロッパ連合）のような共同体をつくろうとする構想があります。貿易や金融だけでなく、政治の分野までふくめて統合をめざすものです。今のところ、どう進めていくかはまとまっていませんが、ASEAN内部での貿易をさかんにしようという経済統合は進められています。中国は、自国の影響力を大きくしたいために、ASEAN＋3を中心にしたいと思っていますが、日本は、中国に対抗するために、インドやオーストラリア、ニュージーランドを参加させたいと考えています。東アジア共同体の実現には、今後議論を重ねていく必要があるでしょう。

中国中心のアジアインフラ銀行

２０１４年に、**アジアインフラ投資銀行（AIIB）**が設立されたのも、アジア地域で中国が影響力を強くしたいという意思が感じられます。アジアインフラ投資銀行は、2013年に中国の**習近平国家主席**が呼びかけた、アジア各国に向けた金融機関です。各国が、鉄道やダムなど公共の建造物をつくる時などに、その資金を借りられます。同じような金融機関として、**アジア開発銀行（ADB）**があります。アジア開発銀行は、日本とアメリカが中心となって1966年に設立したもので、これまでの総裁はすべて日本人がついています。アジアインフラ銀行は、これに対抗するものと考えられます。

アジアインフラ銀行の創設メンバーになるに

は、2015年3月末までに参加するのが期限でした。この時点で51の国・地域が参加しました。アメリカと日本は参加していません。中国は、表向きはアメリカと日本にも参加を呼びかけていますが、アメリカや日本が参加すると自国の影響力が下がってしまうので、本音では参加してほしくないと考えられています。

日本と中国は、アジアで影響力を広げようと競っているのです。

世界と地域の一員として

日本は、東アジアにあります。周辺の国々が核兵器を開発していても、他国の領土をおびやかすようなことをしても、よその土地に移っていくことはできません。周りがどんな状況であっても、この場所で生きていくしかありません。

国際化と情報化が進み、交通機関が発達した現在では、さまざまな情報が一瞬で伝えられ、人々の行き来もさかんに行われます。貿易によって資源や食料を輸入したり、製品を輸出したりすることで、国の経済が成り立ち、人々が生活できています。その意味では、どの国も、自分の国のことだけ考えていればよいわけではありません。

世界の中で、あるいは地域の中で、国際社会の一員として何ができるのか、また、何をしなければならないのかを考え、実行していくことが大切です。それは、自分たちのためになることでもあるのです。

東アジア共同体はできる？

ヨーロッパの国々の結びつきであるEU（ヨーロッパ連合）に比べ、東アジアの国々の結びつきは、強くありません。

ASEANの国々と、中国、日本、韓国を中心にすれば、わが国に有利だぞ。 — 中国

中国にいいようにやられないためにも、もっと仲間を増やしたほうがいいな。 — インド

いっしょにやりましょう。 — 日本

— オーストラリア、ニュージーランド

ASEAN
インドネシア、カンボジア、シンガポール、タイ、フィリピン、ブルネイ、ベトナム、マレーシア、ミャンマー、ラオス

日本、中国、韓国

アジアインフラ投資銀行をめぐるかけひき

アジアの国々に資金を援助する目的の銀行をめぐり、中国が主導権をにぎろうとする動きが起こっています。

中国
- 建前　日本やアメリカも参加してくださいよ。
- 本音　わが国の影響力が下がってしまうから、日本やアメリカは参加してほしくないなあ。

日本がつくったアジア開発銀行があるのに…。 — 日本

アジアインフラ銀行には参加しないぞ。 — アメリカ

その代わり、わが国の味方になってね。

さあ、みなさん。お金を貸しますよ。

アジアインフラ投資銀行
アジアの国々にお金を貸す。

アジア開発銀行
アジアの国々にお金を貸す。

うーん。お金は借りたいけど…。

第3章　東アジアの平和について考えよう

51

4 東アジアの平和を守るには？

歴史を正しく知ろう

　日本にとって、東アジアの平和と安全は重要なことです。すべての国が、たがいに信頼し合い、誠実に対応すれば、争いは起こらず、平和が保たれるでしょう。しかし、現実にはさまざまな争いが起こっています。周辺の国々とじょうずにつき合っていかなければなりません。

　そのためにも、私たちは、歴史を正しく知ることが大切です。

　明治時代以降の近代化の中で、日本は朝鮮半島を植民地にし、中国に攻めこみました。太平洋戦争の時は、アジア諸国に攻めこんで、現地の人たちを支配したり、家をこわしたりしました。戦後は、経済大国になり、製品をさかんに輸出しています。憲法によって、戦争はしないと定めていますが、アジアの国々からは、また〝戦争ができる国〟になるかわかったものではないと思われているかもしれません。そういう意識は、歴史を正しく知ってこそ持てるのではないでしょうか。

韓国や北朝鮮とどうつき合う？

　韓国や北朝鮮との関係についても、同じです。これまで見てきたように、朝鮮半島が南北に2つの国に分かれているのは、日本がかつて植民地にしていたことと関係があります。ですから、朝鮮半島の問題は、日本とは関係ないことと、見過ごすことはできないでしょう。

　韓国と日本は、同じ資本主義で、韓国の芸能人が日本でも活やくしていたりするので、仲のよい国だと思うかもしれません。しかし、韓国からは、かつて自分たちを支配したにくい敵と見られているかもしれません。竹島を自国の領土として強く主張するのも、そのような感情と関係あるのでしょう。過去のいきさつを知らずに、韓国はわがままだなどと決めつけ、相手を攻撃するだけでは、問題の解決にはならないでしょう。

　北朝鮮との関係は、さらに難しいでしょう。核兵器を開発し、ミサイルを発射する国です。何かあれば、いつでも攻撃する用意があるというおどしと考えられます。また、拉致問題もあるため、日本の国民感情はよくありません。「よその国の国民を拉致するような国を援助する必要はない」、「核兵器を持つ国と国交を結ぶ必要はない」という声も聞かれます。しかし、日本政府は、いずれは北朝鮮とも正常な関係になろうとしています。北朝鮮を国際社会で孤立させては、かえって日本の安全がおびやかされるという心配もあるからです。

　朝鮮半島の問題をめぐっては、朝鮮半島と日本の関係や、その周辺の国々のこともよく知った上で、考えていきたいものです。

歴史を正しく知ろう

日本は、過去に、アジアの国々の人々を苦しめるようなことをしました。日本がどんなことをしたか、アジアの人々は、日本をどう思っているのかをよく知っておきたいものです。

日本とアジア

- 朝鮮半島を植民地にした。
- 中国に攻めこんだ。
- 満州国をつくった。
- アジア各地に攻めこみ、迷わくをかけた。
- 戦争に負けた。
- 戦後は、戦争をしないとちかった。
- 経済を発展させ、アジアや世界のために役立とうとしている。

日本は二度と戦争はしません。

本当かなあ。

日本はまたわが国に攻めてくるかもしれない。

経済的な援助をしてもらいたい。

韓国や北朝鮮とのつき合いは？

東アジアの平和を考える上で、日本と、韓国や北朝鮮との関係は、重要なポイントになるでしょう。どんなつき合い方をしていったらよいのか、考えてみましょう。

日本

拉致した日本人を返してくれ！

ミサイルや核兵器でおどすのはやめてくれ。

日本の安全のためには、正常な関係にならなければ…。

竹島の領土問題を、話し合いで解決しましょう。

同じ資本主義の国として、仲よくしましょう。

いつでもミサイルを打ちこむ用意があるぞ。

経済援助をしてほしい。

北朝鮮

朝鮮半島が南北に分かれたのも、日本のせいだ。

昔、われわれを武力で支配したくせに…。

過去のことを忘れたのか！

韓国

第3章 東アジアの平和について考えよう

第3章 東アジアの平和について考えよう

4 東アジアの平和を守るには？

中国とはどうつき合う？

中国とのつき合い方も、よく考えなければならないでしょう。

経済の成長にしたがって、中国は、軍事力も強くし、海洋への進出を進めています。日本との尖閣諸島を始め、南シナ海でも各国と領土争いをしています。そのようすは、アメリカと並んで、世界の大国の地位につくことをめざしているように思われます。

しかし、いっぽうではさまざまな問題もかかえています。裕福な人とそうでない人との経済的な格差、政府が国民の権利をおさえつけていることへの不満、工業化にともなう公害、少数民族問題など、難しい問題があります。

他国に対して強い姿勢に出ることは、国民の不満をそらす意味合いもあるようです。例えば、尖閣諸島の領有をめぐって日本を非難すれば、自国民に対しては、外国に強い姿勢を見せたたのもしい政府として映ります。しかし、実際に武力にうったえるようなことがあれば、日本だけでなくアメリカとしょうとつすることにもなり、そうなれば世界を巻きこむ争いに発展するおそれもあります。戦いのための費用もばく大にかかります。中国が本気でそのようなことを望んでいるとは思えません。

国と国の交渉では、かけ引きも大切です。中国は、強硬な姿勢と柔軟な対応を混ぜながら、交渉を有利に進めようとしているのでしょう。相手側も、ものごとをいろいろな角度から見ることが大切です。

自分の国をどう守るかを考えよう

戦後、日本は、アメリカなどの連合国軍に占領されました。独立してからも、アメリカと強い同盟関係を結び、日米安全保障条約によって、日本にとどまっているアメリカ軍に国を守ってもらっています。

そのおかげで、高度経済成長を実現できたと考える人もいます。

平和な時代が長く続き、今では、日本にアメリカ軍がいることが当然と思う人が大部分でしょう。しかし、他国から攻撃された時に、すべてをアメリカ任せにするというわけにはいかないはずです。

自分の国をどのように守っていくかは、国民ひとりひとりが考えなければならない問題なのです。

「アメリカとの関係をより深くすることが平和を守ることにつながる」、「自分の国の軍隊を持ってアメリカ軍には出ていってもらうのが、ふつうの国のあり方だ」、「戦争をしないと書いてある憲法を守り、二度とよその国を侵略しないという姿勢を見せることで、信頼を得るほうが平和につながる」など、さまざまな意見があります。

どうすることが最もよいのか、結論を出すのはなかなか難しいことです。

ひとりひとりが問題を真剣に考え、政治に反映されるようにしていきたいものです。それが、民主主義の国が進むべき道であるはずです。

54

第3章 東アジアの平和について考えよう

中国とのつき合いは

世界の大国をめざす中国は、日本にとって、最も重要な国の1つです。アジアや世界全体の平和も考えながら、中国との関係をどうしていったらよいか、考えてみましょう。

- めざせ！世界の大国！
- 尖閣諸島は中国の領土だ！
- 中国は領土を広げようとしている？
- 政府は強いぞ！
- 中国なくしては、日本の経済は成り立たない。
- 本当に戦争になったら、大損害だ。
- 仲よくできないものか…。
- 国内にもいろんな問題があるなあ。
- 日本なくしては、中国の経済は成り立たない。

中国 ←貿易／人の交流／強い結びつき→ 日本

安全を守るためのさまざまな意見

国際社会の中で、多くの国々とつき合い、日本の安全をどうやって守るか、さまざまな考え方があります。

日本の安全を守るには…

- アメリカとの関係をより深くすべきだ。
- 日本だけで国を守れるようにしなければ…
- アメリカには出ていってもらおう。
- 戦争をしないことを各国に示そう。
- アメリカといっしょになって国を守ろう。

第3章 のまとめ

東アジアの平和について考える場合、日本、韓国、北朝鮮、中国のそれぞれの関係や、東南アジアの国々との関係を考えなければなりません。

北朝鮮が核兵器やミサイルを持っていることは、周りの国には、平和のさまたげになります。

韓国と北朝鮮の間には、統一したいという願いもありますが、現実には難しいでしょう。

東南アジアの国々との関係をめぐっては、日本と中国の間で、めざす方向のちがいも感じられます。

日本は、過去の歴史もふまえ、東南アジアの国々と協力し、この地域の平和を守っていくことをめざしています。

いろいろな意見を出しながら、議論を重ね、周辺の国々とどのようにつき合っていくかを考えていきたいものです。

55

さくいん

あ
アイゼンハワー ……… 30
アジアインフラ投資銀行 ……… 50、51
アジア開発銀行 ……… 50、51
アジア女性基金 ……… 34
ASEAN ……… 48、49、51
ASEAN＋6 ……… 48、49
ASEAN＋3 ……… 48、49
安倍首相 ……… 18、35
慰安所 ……… 34
慰安婦 ……… 34
李承晩 ……… 28、32、33
李承晩ライン ……… 32
李明博 ……… 34、45
殷 ……… 4
仁川 ……… 28、29
ウイグル族 ……… 20
ウイグル独立運動 ……… 21
魚釣島 ……… 19
AIIB ……… 50
ADB ……… 50

か
外省人 ……… 14
回族 ……… 4
核拡散防止条約 ……… 40、41
核兵器 ……… 40、41
韓国 ……… 24～35、44～47、53
漢字 ……… 4、5
漢民族 ……… 4
北朝鮮 ……… 24～31、36～41、44～47、53
金日成 ……… 24、28、44、45
金正日 ……… 24、36、44、45
金正恩 ……… 24、36、44、45
金大中 ……… 44、45
金泳三 ……… 44、45
休戦協定 ……… 30
強制連行 ……… 34
経済開放政策 ……… 6
警察予備隊 ……… 31
甲骨文字 ……… 4
工作船 ……… 38、39
国際司法裁判所 ……… 32、33
国内総生産 ……… 6
国民政府 ……… 12
国民党 ……… 12、14
米作り ……… 4、5
暦 ……… 4、5

さ
産業革命 ……… 8
習近平 ……… 18、19、50
GDP ……… 6
自衛隊 ……… 30、31
資本主義 ……… 8、9
社会主義 ……… 6、8～11
少数民族 ……… 4、20
女性のためのアジア平和国民基金 ……… 34
清 ……… 6、12、16
新疆ウイグル自治区 ……… 20、21
新疆ウイグル問題 ……… 20
スカボロー礁 ……… 22
スターリン ……… 10
スプラトリー諸島 ……… 22
孫文 ……… 12
西沙諸島 ……… 22
青銅器 ……… 4
世界の工場 ……… 6

た
尖閣諸島 ……… 18、19
ソウル ……… 27
ソビエト社会主義共和国連邦 ……… 10、11
ソ連 ……… 10、11
第一次世界大戦 ……… 10、12
大韓民国 ……… 24、25、28、45
台北市 ……… 15
太陽政策 ……… 44
台湾 ……… 12～15、22
竹島 ……… 32、33
竹島の日 ……… 32
ダライ・ラマ14世 ……… 20
陳水扁 ……… 14
チベット自治区 ……… 20
チベット族 ……… 4
チベット動乱 ……… 20
チベット独立運動 ……… 21
チベット民族 ……… 20
チベット問題 ……… 20
蒋介石 ……… 12、14
中越戦争 ……… 22
中華人民共和国 ……… 4～6、8、12、16
中華民国 ……… 12
中国 ……… 4～7、12、13、16、20、22、55
中国共産党 ……… 12
朝鮮戦争 ……… 29～31
朝鮮半島 ……… 24、25、28～30
朝鮮民主主義人民共和国 ……… 24、25、28、45
朝鮮民族 ……… 24、25
チワン族 ……… 4
帝政ロシア ……… 10
テポドン1号 ……… 38
東南アジア諸国連合 ……… 48、49
トルーマン ……… 28
鄧小平 ……… 6

な
南京事件 ……… 16
南沙諸島 ……… 22
南北首脳会談 ……… 44、45
南北統一 ……… 46、47
日韓基本条約 ……… 26
日韓首脳会談 ……… 34
日清修好条規 ……… 16
日清戦争 ……… 12、16
日中韓サミット ……… 48
日中韓首脳会談 ……… 48
日中共同声明 ……… 16
日中首脳会談 ……… 18
日中平和友好条約 ……… 16
日朝修好条規 ……… 16
日本人妻 ……… 38
日本人拉致問題 ……… 36
盧武鉉 ……… 44、45

は
排他的経済水域 ……… 22
朴槿恵 ……… 34、35、45
機織り ……… 4、5
パラセル諸島 ……… 22
漢江の奇跡 ……… 26
ハングル ……… 25
板門店 ……… 30、31
東アジア ……… 52
東アジア共同体 ……… 50、51
東アジアサミット ……… 49

ま
ピョンヤン ……… 27
フィリピン ……… 22
仏教 ……… 5
ブルネイ ……… 22
ベトナム ……… 22
黄河 ……… 4
香港 ……… 4
本省人 ……… 14
馬英九 ……… 14
毛沢東 ……… 6、10、12
マカオ ……… 10
マッカーサー ……… 28、29
マレーシア ……… 22
満州 ……… 16
満州国 ……… 16
満州族 ……… 4
南シナ海 ……… 22、23

や
靖国神社 ……… 18
ユーラシア大陸 ……… 4
延坪島 ……… 26

ら
拉致問題対策本部 ……… 36
リージョナリズム ……… 48
李登輝 ……… 14
冷戦 ……… 28
レーニン ……… 10
歴史認識 ……… 34
6者会合 ……… 42
ロシア革命 ……… 10
ロシア帝国 ……… 10
6か国協議 ……… 42

●改訂版！はてな？なぜかしら？国際問題 〈全3巻〉

監修　池上彰

1950年、長野県生まれ。大学卒業後、NHKに記者として入局する。社会部などで活躍し、事件、災害、消費者問題などを担当し、教育問題やエイズ問題のNHK特集にもたずさわる。1994年4月からは、「週刊こどもニュース」のおとうさん役兼編集長を務め、わかりやすい解説で人気となった。2012年から東京工業大学教授。
おもな著書に、『一気にわかる！池上彰の世界情勢2016』（毎日新聞出版）、『池上彰の世界の見方』（小学館）、『大世界史』（文藝春秋）、『池上彰の戦争を考える』（KADOKAWA）がある。

●編集協力
　有限会社大悠社

●表紙デザイン・アートディレクション
　京田クリエーション

●本文デザイン
　木村ミユキ

●イラスト
　川下隆
　すぎうらあきら
　タカダカズヤ

●図版
　アトリエ・プラン

●表紙写真
　MarcelClemens/Shutterstock.com
　毎日新聞社／時事通信フォト

●参考資料
『アメリカ、ロシア、中国、イスラム圏を知れば　この複雑な世界が手に取るようにわかる』惠谷治（ダイヤモンド社）
『海外で恥をかかない世界の新常識』池上彰（ホーム社）
『現代用語の基礎知識』（自由国民社）
『現代用語の基礎知識／学習版　2015→2016』（自由国民社）
『世界最新紛争地図』（宝島社）
『世界を騒がす仰天ニュース「イスラム」ココがわからない!!』中東問題研究会（すばる舎）
『大世界史』池上彰　佐藤優（文藝春秋）
『地図で読む世界史』柴宜弘・編著（実務教育出版）

改訂版！はてな？なぜかしら？国際問題
2巻　改訂版！はてな？なぜかしら？中国と朝鮮半島の問題

2016年4月1日　　初版発行

発行者　　升川秀雄
編集　　　松田幸子
発行所　　株式会社教育画劇
　　　　　〒151-0051　東京都渋谷区千駄ヶ谷5-17-15
　　　　　TEL：03-3341-3400　FAX：03-3341-8365
　　　　　http://www.kyouikugageki.co.jp
印刷・製本　大日本印刷株式会社

56P 297×210mm　NDC817 ISBN 978-4-7746-2050-3
Published by Kyouikugageki, inc., Printed in Japan
本書の無断転写・複製・転載を禁じます。乱丁、落丁本はお取り替えいたします。

改訂版！ はてな？ なぜかしら？ 国際問題シリーズ

①改訂版！ はてな？ なぜかしら？

中東問題

②改訂版！ はてな？ なぜかしら？

中国と朝鮮半島の問題

③改訂版！ はてな？ なぜかしら？

国際紛争